平凡社新書
796

真珠湾の真実

歴史修正主義は何を隠したか

柴山哲也
SHIBAYAMA TETSUYA

JN181513

HEIBONSHA

真珠湾の真実●目次

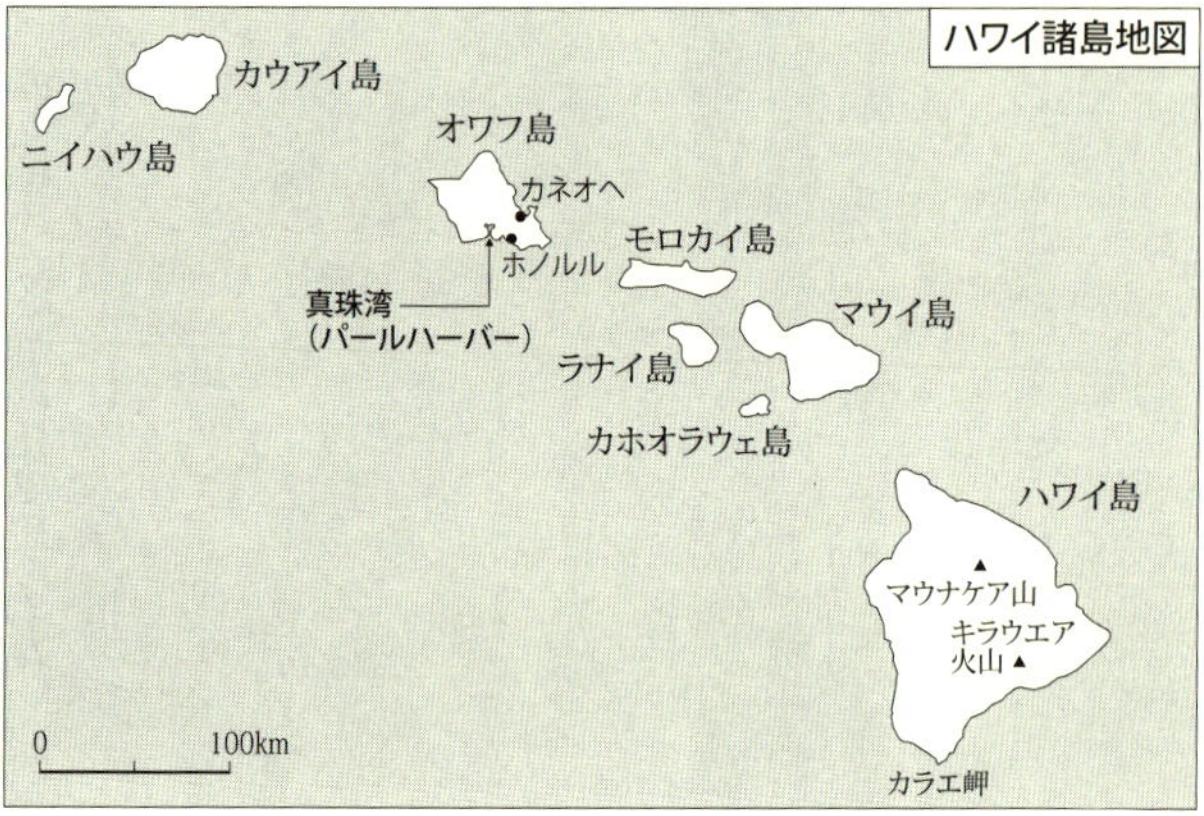
ハワイ諸島地図
カウアイ島
ニイハウ島
オワフ島
カネオへ
ホノルル
真珠湾
（パールハーバー）
モロカイ島
マウイ島
ラナイ島
カホオラウェ島
ハワイ島
マウナケア山
キラウエア
火山
0
100km
カラエ岬

プロローグ

海に太陽がきらめき、風が吹き抜け、ハイビスカスやブーゲンビリアが咲く真珠湾の風景は今も変わらない。しかしその歴史はいまだに沈黙し、あの時のような深い眠りの中にあるように見える。真珠湾のイメージを形成している現代史のジグソーパズルの空白が埋まらないのである。真珠湾奇襲のことを考えてここを訪ねると海の輝きが失われ、空にかかる大きな虹の色もかすんだグレーに見えてしまうのだ。

近年、「歴史修正主義」が日本の戦後と未来に大きな影を落とすようになった。七〇余年前の真珠湾奇襲に始まった太平洋戦争への反省からスタートし、国際社会に復帰した日本の戦後が風化し、いつの間にか国家主義的な政治観が出現して軍事力増強の準備を始め、自由と民主主義、平和主義の雲行きが怪しくなった。

国の安全保障は日本国民全体にとって重要なテーマだが、七〇年続いた平和を損ない、戦前のような自由のない国家主義に逆戻りするのはごめんだと、多数の国民は思っている。

これは新聞各社が行った世論調査結果でも如実に示されている。しかし、戦前戦中の日本は間違った戦争はしていない、と過去を正当化する修正主義的歴史観が、時代が進むにつれて表舞台に現れてきた。

資源のない日本は米国の石油禁輸の圧迫でじり貧化し、「国家の自存自衛」の危機に陥り、あげく米国大統領ルーズベルトの陰謀と罠に引っかかって「真珠湾奇襲攻撃と日米開戦」を余儀なくされたと、歴史修正主義者は考えるのである。

歴史を繙《ひもと》けば、一九四一年九月六日の御前会議で日本は「帝国国策遂行要領」によって「自存自衛を全うする為対米（英蘭）戦争を辞せざる決意」を明確にした。一二月八日付の天皇の「米英両国ニ対スル宣戦ノ詔書」にも「自存自衛ノ為蹶然起ッテ……」という文言がある。

一九四五年八月一五日の敗戦とポツダム宣言受諾で、連合国による極東国際軍事裁判（東京裁判）が行われ、ドイツのニュルンベルク裁判で新たに導入された「平和に対する罪」のA級戦犯容疑などで起訴された戦時下の首相・東條英機は、「大東亜戦争は日本の自存自衛のための戦争だった」と被告席で正当性を主張した。侵略戦争ではなく、持てる国の英米主導の国際秩序に対して、持たざる国の日本が自存自衛で生きるための正しい戦争だったという意味だ。

東條がいう「東亜新秩序樹立」のための戦争を擁護する修正主義者は、「日本を真珠湾へ追い込んだのはアメリカの罠だった」とする陰謀史観、ないしは修正主義史観を主張するようになる。

それにしても、本当にそういう歴史的事実が存在したのだろうか。もし事実の証拠があるならば、日本の名誉のために、真珠湾と戦後の歴史をそのように見直し、正しく修正しなければならない。なぜならば世界にとっての「真珠湾奇襲」とは、「宣戦布告なき卑劣な日本の騙し討ち」であり、「アメリカが汚辱にまみれた日」とルーズベルトは、米国両院議員総会で演説し、対日宣戦布告の承諾を議会に求めたからだ。

ルーズベルトの「汚辱の日」演説は歴史に残る名演説とされ、参戦に懐疑的だった八〇%のアメリカ人を奮い立たせ、日本の侵略と戦う決意を促しただけでなく、全世界に日本帝国主義の悪を宣伝した。日本はナチスドイツと同盟国であり、悪の枢軸国と世界に認識された。

戦後、GHQの指令によって、戦時に使われていた大東亜戦争という呼称が廃止され、太平洋戦争という呼称が取りいれられた。しかし「太平洋戦争史観」と「大東亜戦争史観」が交差した時点の歴史のカオス（混沌）の原点が真珠湾であることは確かだ。本書の課題はこの実態を整理することで、「歴史修正主義」の正体を突き止めることだ。歴史修正主義がはびこるのは、史実がはっきりしていないからである。

日本への国際的不信感の原点

七〇余年前の真珠湾はいまだに謎にくるまれた部分が多い。探せば謎がいくつでも出てくる。わからない闇の部分が多すぎるのだ。日本はなぜあえて真珠湾を奇襲したのか。あのとき、アメリカ太平洋艦隊は無防備で、日本の攻撃隊のなすがままに壊滅的打撃を受けた。日本の無電暗号はどこまで米側に解読され、奇襲計画は米側に知られていたのか、知られていなかったのか。

実際、米側はハワイ攻撃をまったく予想しなかったように、真珠湾の太平洋艦隊の戦艦群は行儀よく並んで港湾に繋留されていたので、下手な狙撃手でも爆弾を落とせば何かに命中したといわれるほどだ。

ところが、日本海軍がもっとも撃沈したかった空母エンタープライズなど三隻はその日の真珠湾にいなかった。なぜ空母は不在だったか。また真珠湾前夜、日本の小型潜水艦が発見され米艦に撃沈されているのに、なぜハワイの警戒レベルは上がらなかったのか。

さらには、日本外務省が駐米大使館宛てに送り、宣戦布告のつもりだった「対米覚書最終通告」は、なぜハワイ攻撃開始後に遅れて米国の国務長官の手許に届いたのか。ルーズベルトが真珠湾攻撃直前に昭和天皇へ和平を求めた親電を送ったが、この電報が届くのが約一〇時間も遅延したのはなぜか。

この通告遅れはワシントンの日本大使館職員の怠慢によると説明されてきたが、本当に怠慢だったのか。対米通告の遅延、大統領から天皇への親電の配達遅れは、真珠湾奇襲を成功させるために、軍部などの介入工作があったのではないか。

まさに謎が謎を呼ぶ形で、真相を究明する現代史研究家にとっては、いまだに真珠湾は「宝の山」であり続けているのはいいが、なぜ真珠湾は戦後七〇年の日本にとっていまだに不信感の国際的ジレンマと不信感と誤解の原点になっているのか。

真珠湾は歴史研究家に囲いこまれた専門家の狭いマーケットの知に限定され、広く普通の国民が参加できる「歴史の知の場」になっていない。これは大変に不幸なことである。

あの戦争で日本国民の約三〇〇万人が死に、残された遺族は比類のない辛酸をなめた。さらに「大東亜戦争」と日本が呼称した戦争は、中国や近隣諸国を引きずりこんで、二〇〇〇万人にも及ぶ大規模な犠牲者を出したといわれるが、その被害の実態はまだ十分に解明されてはいない。

安倍首相の弁明

「大東亜戦争」と規定された戦争の原点が真珠湾だが、満州事変や支那事変が変じて、なぜ「大東亜戦争」と呼ぶに至ったか。

この呼称は真珠湾攻撃後の一九四一年一二月一二日の閣議で決まったが、東條が弁明したとおり、「大東亜新秩序建設を目的とする戦争」を意味する。開戦の御前会議に事務方として出ていた大本営作戦課の若手少佐・瀬島龍三（戦後は伊藤忠会長）は、「アメリカは、太平洋戦争（Pacific War）というようにあの戦争を呼んでいて、終戦後に、大東亜戦争の呼称を禁止し、日本にも太平洋戦争と呼ばせるようにしたのです。しかし、大東亜戦争のなかには、米英に対する戦争のほかに、支那事変を《ママ》含まれています」と語っている（瀬島龍三『瀬島龍三 日本の証言』フジテレビ出版、二〇〇三）。

中国大陸の戦争では、支那事変（日華事変）という呼称を使って国際法上の戦争ではないことをアピールしていた日本が初めて米英を相手にすることで「戦争」に格上げしたのが「大東亜戦争」だった。日独伊枢軸国の同盟により日本は米英主導の国際秩序を打破し、世界制覇への野望を明らかにした。その端緒が真珠湾奇襲だった。

二〇一五年八月一四日に発表された戦後七〇年の安倍首相談話に、「事変、侵略、戦争」

という文言が出ているが、これは満州事変から支那事変に至った日本の中国侵略から真珠湾の大東亜戦争へ至る日本の戦争のプロセスに重なる表現である。「事変」から「戦争」へと呼称が変化している。「事変」とは宣戦布告のない小規模紛争を指すため、真珠湾も宣戦布告がなかったので、「真珠湾事変」というべきところだが、アメリカの宣戦布告により大東亜戦争ということになった。

くだんの戦後七〇年安倍談話は、「歴代首相談話の引用で、自分の言葉では何も付け加えなかった」(『ニューヨーク・タイムズ』)、「過去の謝罪をナショナリズムで包んだ」(『フィナンシャル・タイムズ』)、「未来の世代にはもう謝罪を押し付けない」(『ガーディアン』)など、中・韓だけでなく、英米の主要新聞の多くも批判的に捉えた。しかし談話には、謝罪ではないが、付け加えられた次のような説明がある。

「一〇〇年以上前の世界には、西洋諸国を中心とした国々の広大な植民地が、広がっていました。圧倒的な技術優位を背景に、植民地支配の波は、一九世紀、アジアにも押し寄せました。その危機感が、日本にとって、近代化の原動力になったことは、間違いありません。(略)日露戦争は、植民地支配のもとにあった、多くのアジアやアフリカの人々を勇気づけました。(略)

(第一次世界大戦を経て欧米諸国が)経済のブロック化を進めると、日本経済は大きな打撃を受けました。その中で日本は、孤立を深め、外交的、経済的な行き詰まりを、力の行使によって解決しようと試みました。（略）満州事変、そして国際連盟からの脱退。日本は、次第に、国際社会が壮絶な犠牲の上に築こうとした『新しい国際秩序』への『挑戦者』となっていった」（「戦後七〇年の安倍談話」『朝日新聞』二〇一五年八月一五日）。

日本がなぜ欧米植民地主義の後を追って中国を侵略したか、真珠湾を奇襲し、イギリス領シンガポールやマレー半島を侵略したかの解説であり、弁明でもあろう。これに関して『ニューヨーク・タイムズ』は、「一〇〇年前の歴史と現代史をパラレル（平行）に並べることで、歴史の細部を踏みつぶしている」（二〇一五年八月一五日）と分析し、修正主義的談話であるとみなしている。

安倍談話に比べると、かつては同じ枢軸国だったドイツのメルケル首相がドイツのダッハウ収容所跡で語った七〇年談話、「ナチスがこの収容所で犠牲者に与えた底しれない恐怖を、犠牲者のため、われわれのため、そして将来の子孫のために決して忘れない。これを繰り返し自覚することは国民に課せられた義務だ」という談話のほうは、批判する隙はなく、はるかに率直だったとみなされている。

「呪われた太平洋戦争の開幕」

ジグソーパズルの空白の断片を求めて、現代史の原点の真珠湾を訪ねることは、内外の膨大な文書や資料の深い森を一人で歩き回る不安がつきまとう。近寄りにくい資料の膨大な壁が立ちはだかる。

日本側の証拠文書の多くは敗戦時に焼却廃棄されたが、戦後七〇年間に究明され蓄積された記録や論文、参考文献、研究書の類は相当な数に上るし、敵国だったアメリカ側にも八つの公式な真珠湾調査委員会が作られるなど、膨大な報告書、研究書、論文、読み物などが積み上げられている。

なぜ戦争をしたのか、日本がやった戦争を正当化しうる理論的根拠は何か。大東亜戦争という呼称も茫漠としており、物理的に戦線をアジアから欧米へ拡大するために、「東亜」を「大東亜」へと変更したご都合主義が透けて見えてくる。「事変」にしても、政府は不拡大方針を唱えながら、結局、軍部が拡大し続けた戦線を追認していった。軍部や政府には戦争の大戦略やポリシーがなく、行き当たりばったりだった。あの戦争の合理的な根拠がわからないことも、日本人が自らの手で戦争を総括できなかった原因なのだろう。

「大東亜共栄圏」「アジア解放戦争としての大東亜戦争」「五族協和」「八紘一宇」といったスローガンも、自民族優先主義や日本が世界の指導者であるという武張った驕りが前面に出ている。

アメリカの歴史家ハーバート・ファイスは、「日本の軍隊は、正義と自由をもたらすこともなく、(略) 現住《ママ》民の生活を破壊してしまった。中国におけると同様に、南西太平洋地域においても、日本はこれらの現住民の窮乏化、革命化の道を広げた」と言っている(『真珠湾への道』大窪愿二訳、みすず書房、一九五六)。

学徒出陣で特攻回天の搭乗員になり、九死に一生を得て生還した哲学者・上山春平は、「大東亜戦争」から「太平洋戦争」へと歴史観が急転回した戦後、自力で戦争を総括し、「新憲法私案」を書いたが、そういう自立した行動をした日本人は実に稀だった(拙著『新京都学派——知のフロンティアに挑んだ学者たち』平凡社新書、二〇一四で詳述)。

日本が真珠湾を奇襲した同じ年の夏、ルーズベルトとチャーチルが大西洋のニューファンドランド島沖の会談で合意した大西洋憲章は、「集団的自衛権の人類的理念」を起草したものであり、「大東亜共栄圏」の理念と読み比べてみると、近代的な知のレベルにおいてかけ離れていると感じる。

開戦前、日本との外交交渉を続けたルーズベルトは、「日本はわれわれの側につくのか、ヒトラーの同盟国になるのか、どっちを選ぶのか」という問いを発し続けていたが、日本はこれに明確に答えることはできなかった。軍事力に勝るナチスドイツがイギリスに戦勝し、やがてはソ連をも打ち破るだろうという甘い観測をもって、ドイツとの同盟に走ったにすぎない。まさに真珠湾奇襲は無謀な賭けというべき戦争だった。

さてここで、本書の構成の大枠を記しておきたい。

第一章では真珠湾攻撃総隊長・淵田美津雄の奇襲攻撃に焦点を当てつつ、真珠湾攻撃に至った日本側の戦争目的を解明する。空爆を切って落とした時、淵田自身は「今になって顧みれば、あの呪われた太平洋戦争の開幕となった」と回想記に記しているが、攻撃中の淵田はこれが間違った戦争だったとは露ほども思ってはいなかっただろう。

かつて筆者がハワイ大学やシンクタンク・イースト・ウエスト・センターに滞在した時、仕事の合間に真珠湾をたびたび訪問した。車窓から眺めるハイウェイの沿道にはハイビスカスやブーゲンビリアの花々が咲き誇り、眩しくきらめく海とカヌーやサーフィンに興じる人たちが見えた。こうした穏やかな海辺の一帯を日本軍が奇襲し、民間人を含め三五〇〇人の死者をだし、家や財産や農地を破壊したことは日本ではほとんど知られていない。日本軍の真珠湾奇襲はハワイ住民にとっては東京大空襲にも匹敵する大空襲だったのだ。

このおかげでハワイ最多人口を占めた何の罪もない日系人一世や二世が日本のスパイ視され、どれほどの生活の苦しみと辛酸を強いられたかを第二章で書いた。

第三章では、卑劣な騙し討ちという国際的不名誉の最大の原因になった宣戦布告なき奇襲攻撃、対米通告手交の遅れの理由を取り上げた。この問題はワシントンの日本大使館の失態として戦後七〇年を通じて定説化してきた。しかし通告遅延の責任が現場の大使館職員に押しつけられた形跡があり、奇襲作戦成功を優先した軍部と外務省の一部が、通告を遅らせる工作を行ったのではないかという疑惑が浮上してきている。この問題は元ニュージーランド大使の井口武夫が『開戦神話——対米通告を遅らせたのは誰か』(中公文庫、二〇一二)で深く追究している。

第四章では、「ルーズベルト陰謀論」に関して詳述した。「宣戦布告なき真珠湾奇襲」とは、日本側の遅延工作の可能性があると同時に、日本に奇襲させる米国の罠でもあったという日米でセットになった陰謀論の表裏がある。確かに、陰謀論が成立しそうなほど、ハワイの警戒は不完全だった。

戦争警戒警報(War Warning)は出ていたが、警戒レベルが低く、ワシントンの軍幹部のマーシャル大将は真珠湾奇襲当日の朝、乗馬をしていたというし、ハワイのキンメル太平洋艦隊司令長官がマーシャルから警戒の連絡を受けた時は、すでに攻撃が始まっていた。

しかし日本の真珠湾奇襲のおかげで、ルーズベルトは米国内法の中立法や戦争否定派や不干渉主義者の大きな反対に遭遇することなく、裏口から第二次世界大戦に参戦を果たすことができたのではないか。ルーズベルトは日本軍の動向を暗号解読や英国首相チャーチルからの機密情報で得ており、真珠湾奇襲計画を知っていたが、ハワイの太平洋艦隊には連絡せず、ハワイを無防備なまま放置し、あえて奇襲攻撃させた。ルーズベルトは太平洋艦隊を日本軍のオトリに使った。そして日本は罠にはめられたのではないかというのが、ルーズベルト陰謀論の骨格である。

第五章では日米開戦に至るまでの経過を改めて見直し、果たして「開戦は避けられなかったか」を検証した。ルーズベルト政権が日本からの最終交渉案を拒否して「ハル・ノート」を突きつけた国際的背景としては英国の首相チャーチルが米国の参戦を願っていたほかに、中国の蔣介石政権の思惑も大きく影響した。蔣介石は米国への政治的ロビー活動や米メディアに対する反日世論工作を怠らず、それが結果として米国世論が反日色を強めていくことにもつながった。

日本の指導者は米国政府だけしか相手にせず、相手国の世論や新聞に無神経だったことが、日米関係の悪化に拍車をかけた。結局、和平のチャンスをつかめずに戦争に突入していった日米双方の事情を確かめた。

第六章では「真珠湾にまつわる余滴」として、「チャーチルの陰謀」を考察しているほか、新しい視点の真珠湾論を提起したいと考えた。第七章では、「歴史修正主義者」の歴史的欲望と戦後の歴史に対する欠如を内外のメディアの反応などから浮き彫りにした。

本書ではできるだけ新しい資料に基づいて日米それぞれの論点を紹介、分析している。

歴史修正主義の原点を求め、真珠湾のジグソーパズルの空白を埋める旅と作業は、いずれも試行錯誤の中にあり、今後ともパズルの断片と空白の真実が合致するように、補強されるべきものと考えている。

第一章

真珠湾奇襲とは何だったか

真珠湾攻撃で炎上する米戦艦カリフォルニア（1941年12月、毎日新聞社）

ハワイ併合をめぐる日米の確執

真珠湾奇襲攻撃は山本五十六連合艦隊司令長官の発案といわれる。なぜ山本長官が真珠湾に狙いを定めたのかについては明らかではない。しかしハワイをめぐる日米間の確執と憎悪の拡大は、一八九八年の米西戦争中のアメリカによるハワイ併合に端を発していた。一九〇四年（明治三七年）の日露戦争より前のことで、米西戦争勝利の結果、アメリカは太平洋島嶼のスペイン領グアムとフィリピンの統治権を握り、その余勢をかってハワイを併合した。

マハン提督は、ホノルル獲得は米国の国防上の動機によると説明したが、ペリー艦隊来航時の一九世紀のホノルルは米国の基幹産業でもあった捕鯨基地としても栄えており、フィリピンと行き来する船舶の寄港地としてホノルルは重要な補給拠点となった。

こうした米国のハワイ進出は太平洋の覇権を射程に入れた明治維新の日本をいたく刺激し、「日本政府は太平洋への米国の急激な進出は承認できない」と米国へ通告している。フィリピンからグアム、ハワイへと飛び石状に米国が太平洋で勢力を拡張することに日本は我慢できなかったのだ。

当時、日本からの米国への移民は急増していた。一八九三年（明治二六年）の一三八〇人から一九〇六年の間に一〇倍の一万三八三五人に増え、米国移民の総数は約二二万人に達した。日本移民は最初は労働者として来米するが、やがて財を蓄えて小資本家や地主になり、白人社会を脅やかす存在に成長してゆくと米国人はみなしていた。

　排日運動があちこちで起こり、一九〇五年（明治三八年）にカリフォルニア議会は「日本移民排斥案」を通過させた。これは日米条約に違反していたが、カリフォルニア裁判所は適法とした。この時、大統領セオドア・ルーズベルト（大戦下の大統領フランクリン・ルーズベルトの遠縁の従兄）はこれを諫める訓示を出し、「日米通商協約の調印、太平洋における日米通商の自由、門戸開放、太平洋における相互の領土保全、中国の独立・領土保全」などを謳った文書を交換したが、高まった移民排斥運動の世論を鎮静化させることは難しかった。

　日本の新聞もこうした日本移民排斥の米世論に抗議する論説を掲げ、当時貴族院議員だった後藤新平は「国際連盟か国際裁判所へ提訴すべき」と語り、「日本も米国移民の制限を実行する。日本の協調的提案に対する米国の態度は横暴である」と報復の言葉を発して強く非難した。

　日露戦争や第一次世界大戦を経て日本は戦勝国の地位に立ち、世界の列強と肩を並べる大国となり、国民生活はどんどん豊かになっていった。一世を風靡していた大正デモクラシーが陰りを帯びてくると、日本には徐々に軍部が力を増し、愛国的過激主義が台頭してきたが、大正末には「日米開戦」を予告する本がアメリカで刊行されていた。

ヘクター・C・バイウォーター著『日米両国紛争問題』がそれで、一九二一年（大正一〇年）に日本語訳が発行されている（社会思潮研究会、小山精一郎訳）。本の目次には、「日本自らが人種差別」「露国の南下政策と日露戦争」「日米秘密条約案」「日支軍事協約の締結」「日本における元老の勢力」「日本の対内的危機」といった語が並び、最後に「日米戦争避くべからず」という章がある。

この本では、当時の日米確執の主原因は「移民問題」と「支那問題」の二つとしているが、日米摩擦の端緒になったのは米国のハワイ併合にあったと断じている。

この本には十数年後の真珠湾奇襲を予測したような記述があるが、日本が戦争へ走るのは、アメリカの日本排斥の世論の締め付けと日本国内の内部要因の相乗効果だと分析している。

山本五十六は海軍士官時代にハーバード大学に留学経験があり、米国では評判になったというこの本を読み、これが真珠湾攻撃のヒントになった可能性はある。一方、日本側もアメリカ世論の反日的動向から、アメリカを仮想敵国として対米戦争を意識した情報を集め、日系移民の中にスパイ情報網を作って情報収集をしていたことは予想に難くない。

真珠湾直前の日米交渉で出てきた日米間の認識のギャップの危機は、すでに大正時代末には芽を吹いていたのである。しかしその戦争の芽を摘み取ろうとした者はどこにもいなかった。

繰り返された奇襲のシミュレーション

東の空の白一色の真綿を敷き詰めたような雲海がコバルト色に輝きはじめ、燃えるような真紅の太陽が昇ってきた。

「グロリアス・ドーン」（素晴らしい日の出だ）と、淵田美津雄は思わず英語でつぶやき、太平洋の荘厳な旭日がこの稀有な作戦を祝福してくれていると信じた。英語は敵性語で禁止されていたが、まもなく機はハワイ上空に到達する。もうすぐ目標の真珠湾の上だし、アメリカと戦うのだから英語は必要だと密かに勉強してきたので、つい英語が口をついて出てきたと淵田は回想している（中田整一編／解説『真珠湾攻撃総隊長の回想――淵田美津雄自叙伝』講談社、二〇〇七）。

淵田美津雄は真珠湾奇襲の日本海軍航空隊を率いた総隊長で、山本五十六連合艦隊司令長官の密命を受け、鹿児島の錦江湾などを真珠湾に見立てて、飛行機を山をすれすれに操り、空からの戦艦奇襲攻撃シミュレーションを何度も繰り返した。水深一二、三メートルしかない真珠湾に停泊するアメリカの艦船を水平爆撃の雷撃や急降下爆撃で撃沈させる作戦方法を独自に考案し、浅水用に考案された魚雷の投下演習を繰り返した。

真珠湾奇襲攻撃は山本五十六長官のアイディアで一九四一年（昭和一六年）一月に立案されたが、演習が開始されたのは、七月二日、近衛文麿内閣のもとでの御前会議で決定された「帝国国策要綱」による対米戦争に備えるためだった。

四一年六月、ドイツがソ連領を奇襲攻撃したとき、対ソ強硬派の外相・松岡洋右は、ドイツに合わせて対ソ開戦を主張したが、近衛は松岡の北進論と対立して仏印（ベトナム）など南進体制を強化する。つまり米英蘭との戦争に備える方向に舵を切ってはいたが、ルーズベルトとのトップ会談で和平を模索するなどの動きをしていた。近衛の優柔不断に業を煮やし、開戦派の陸軍に押された東條英機が首相を交代して、一気に日米開戦へと突き進んだのだった。

四一年一二月八日の午前六時三〇分（ハワイ時間）、上空は北からの追い風があり、オアフ島への到着は予定より早まるだろうと淵田は推測したが、機上からまだ海面は見えていなかった。高度三〇〇〇メートル、淵田は指揮を執る総指揮官機を先頭に水平爆撃機四九機、右下方に五〇〇メートル離れて村田少佐が率いる雷撃隊四〇機、左下方に五〇〇メートル離れて高橋少佐が率いる急降下爆撃機五一機を随伴し、この攻撃編隊を上空で護衛するのが板谷少佐の率いる零戦四〇機だった。

水平爆撃機に魚雷爆弾を搭載した雷撃隊、急降下爆撃機による空からの攻撃を効果的に駆使して、真珠湾に停泊する米国海軍の戦艦群を叩き潰すのが淵田部隊の任務だった。

真珠湾の水深は浅いので、空から魚雷を撃ちこんでも海底に突き刺さって浮上しない。そこで魚雷が浮上して爆発できる攻撃方法を編み出したものの、鹿児島湾で演習を繰り返した成果がどれだけ効果をあげるか、淵田たち攻撃隊員の心は不安と共に躍っていた。

一一月二二日、空母加賀の単冠《ヒトカップ》湾（択捉島）入泊で全艦が揃ったところで、南雲忠一司令長官から目的地が真珠湾奇襲であることが、機動部隊全員に知らされた。二三日の飛行機隊士官会合の席上でホノルルの偵察に出ていた鈴木英少佐が合流し、オアフ島の米軍航空兵力配備の情報を淵田に届けた。

ところで電令や作戦命令に関わる細部の話になるが、一一月二一日、広島湾にいた旗艦長門の連合艦隊司令長官山本は、大本営が「大海令第五号」の「作戦準備命令」を発したのを受けて、一一月二五日に、「機動部隊ハ一一月二六日単冠湾ヲ出撃極力其ノ行動ヲ秘匿シツツ、一二月三日夕刻待機地点ニ進出シ、急速補給ヲ完了スベシ」という電令を南雲に発していた、と淵田は書いている。

この待機地点とは、ハワイ群島の北方八〇〇カイリの海面だった。実は淵田が回想記に書いた電令なるものは実在せず、文書で書かれ口頭で伝達された「機密連合艦隊命令作」のことではないか、という今野勉の疑義が出されている（『真珠湾を『予知』した男たち』、秦郁彦編『検証・真珠湾の謎と真実――ルーズベルトは知っていたか』PHP研究所、二〇〇一）。

この一一月二五日の記述は淵田の勘違いかもしれないが、後述するように、山本のこの暗号電令が米英に傍受解読されたとすれば機動部隊の位置情報がわかる。したがって目標はハワイだと見当がつく。ラスブリッジャーやスティネットなどの欧米の真珠湾関連著書にはこの電令が引用されている。日本軍がハワイ攻撃をするのではないかという情報をルーズベルトやチャーチルがキャッチしていたが、ハワイの太平洋艦隊には知らせなかったとする「太平洋艦隊オトリ説」が「陰謀説」のもとになっているようである。しかし具体的な作戦命令書は電令ではなく、文書で書かれたもので、南雲長官の艦長室の金庫に文書は保管され、口頭で作戦命令が伝達されることになっていた。

「我奇襲に成功せり」

一一月二六日（地方時間）、単冠湾を出港した日本海軍機動部隊三一隻は、一二月五日にはハワイ北の七〇〇カイリの海上に達していた。これからは敵の飛行艇の哨戒圏内に入る。

南雲中将が率いた機動部隊はここで最後の燃料補給を行い補給艦と別れた。敵に艦隊を発見されないこと、無電などの一切の通信は敵に傍受され艦隊の位置を知られるので、艦船間の連絡にも無電使用は厳禁されていた。いわゆる無電封鎖は完璧に行われた、と淵田は思っていた。

一二月六日午前一〇時半、山本連合艦隊司令長官から「皇国の興廃繋《カカリ》て此の征戦に在り、粉骨砕身各員その任を完うせよ」という電令が旗艦赤城をはじめとして空母六、戦艦二、駆逐艦九、潜水艦三など三一隻の全戦艦乗員に読みあげられ、各艦のマストにはZ旗が掲げられた。Z旗の掲揚は三六年前の東郷平八郎率いた日露戦争の日本海海戦以来のことで、淵田ら攻撃隊員の心の高ぶりは並々ではなかった。六隻の空母の上には両翼をまっすぐに広げて出撃準備を終わった日本海軍の戦闘機で埋まっていた――淵田はそう回想している。

戦闘用の飛行服に身を包んだ淵田が南雲長官と機動部隊隊員たちに見送られ、空母赤城から戦闘機で飛び立ったのは、翌一二月七日午前六時一五分（東京時間一二月八日午前一時四五分）だった。淵田の回想記を基にして、真珠湾攻撃の様子を再現すると以下のようになる。

ホノルルに飛行機の針路を向けて定針が終わると、淵田は「宜候《よーそろー》」と報告した。「宜候」は航海用語で海軍などが操舵号令として使っていた「問題なし」を意味し、このまま進め、という合図だった。淵田がラジオのスイッチを入れるとホノルル放送とおぼしき英語放送が聞こえてきて、「オワフ島の天候は半晴れ、山に雲がかかっているが、視界は良好」と言っている。

天候は申し分ない。ここまで来るのに敵には一切発見されたり攻撃を受けることはなく、飛行隊には一機の落伍もなかった。何からなにまでついている。まるで奇蹟のようだと淵田は思った。「どうやら奇襲攻撃でいけそうだな」と淵田は同乗する部下の松崎大尉に声をかけた。「ハーイ、奇襲のように思います」という返事が返ってきた（淵田、前掲書）。

奇襲か強襲かは指揮官の判断によって変更することになっていた。万が一敵に見つかって対空砲火を浴びたり、敵の戦闘機が飛んできて空中戦闘ともなれば航空戦術はまったく変わってくる。

しかし今は敵に見つかっていないし、マウイ島のラハイナを潜水艦が探索した時も敵に見つかった気配はないと淵田は思っていた。しかし後述するように、この時の特殊潜航艇は米海軍に見つかって撃沈されていたのである。日曜朝の真珠湾はまだ静寂に包まれ、ハワイの人々は何の警戒心もなく暁の眠りの中にいるようだった。

「よーし急襲でいく」と淵田は、機の風防を開いて下方に向けて奇襲の合図である拳銃一発を発射した。空中攻撃隊一八三機全機が突撃準備態勢に入った。

目標の真珠湾が見えてくる。双眼鏡で湾内を見ると戦艦八隻が在泊していた。空母赤城から飛び立つ前に南雲長官が示した真珠湾の停泊艦船の情報とほぼ一致しており、肝心な空母は事前情報のとおり不在だった。淵田は「全軍突撃せよ」の命令を出した。時計は一二月七日午前七時四九分ハワイ時間（東京時間一二月八日午前三時一九分）を示していた。開戦予定時間の午前八時より一一分早かった。

このあとすぐに淵田は「我奇襲に成功せり」で有名になった「トラ・トラ・トラ」の無電を打った。全軍突撃命令から四分後のことである。この無電信号は、瞬時に東京の大本営を始めとする日本軍が全国で傍受し、世界各国の軍事施設でも傍受された。淵田は、「このときを境として、今にして顧みれば、あの呪われたる太平洋戦争の開幕となった」と書いている（淵田、前掲書）。

奇襲作戦は大成功だった。「トラ・トラ・トラ」を受信した大本営の山本五十六連合艦隊司令長官はじめ全軍に伝達され、新聞は歓喜し一斉に米英への宣戦布告と西太平洋での開戦、ホノルル猛空爆、マレー半島奇襲、香港攻撃、上海租界進駐などと日本軍のアジア太平洋全域での快挙を書き立てた（『大阪毎日新聞』第一夕刊、一九四一年一二月八日）。

実際、湾に停泊していたハワイの米国海軍太平洋艦隊は出動していた空母を残してほぼ壊滅に近い打撃を受けたのである。撃沈された戦艦アリゾナの兵士千数百人が死亡したのをはじめ、真珠湾近くに住むハワイの民間人も含め約三五〇〇人が犠牲になっていた。

「私の第一中隊が、二度目の爆撃コースに入ろうとしていたとき、フォード島東側の戦艦群に一大爆発を認めた。メラメラッとまっ赤な焰が、どす黒い煙とともに、五百米の高さにまで立ち昇る。私は火薬庫の誘爆と直感した。間もなく、相当離れていた、こちらの編隊にも振動が伝わって来て、ユラユラと揺れた」（淵田、前掲書）

まもなく巨艦アリゾナが轟沈した。隊員の中には思わず「ザマミロ」と叫んだ者がいた。しかし反撃に出てくる敵機は一機もいなかった。湾に浮かぶ艦隊だけでなく飛行場に並んでいたハワイの米軍航空隊も空に飛び立つ前にほぼ殲滅されてしまっていた。

やがて第一波、第二波の攻撃が終わり、空襲から三時間にわたってハワイ上空に留まった淵田隊長が空から目撃した戦果偵察の結果は次のようなものであった。

「アリゾナのように轟沈したのや、オクラホマのように転覆しているのは別として、ほかの艦船は燃えてはいるが、沈んだのやら、どうやら分らないのであった。なにせ十二米という浅海のことである。吃水七米の戦艦が沈んだとしても、五米沈めば艦底が海底につく。もうそれ以上沈むわけにはゆかない。上空から眺めれば、蛙の面に水をかけたような始末であった」（淵田、同）。

しかし真珠湾の大勝利だけが突出して、太平洋戦争全体の勝利に結びつかなかったのは、

「戦略なき開戦」といわれ、細部の戦術を磨くことには長けていたが、大局の戦略とポリシーが欠けていたからだ。とりわけミッドウェーの敗戦で明らかになったように、情報戦における敵側の情報収集能力を甘くみた点はつとに指摘されていることである。

日本軍は米側の暗号解読をしていたといわれるが、それがどのように生かされたのか。大本営情報参謀だった堀栄三の『大本営参謀の情報戦記――情報なき国家の悲劇』（文藝春秋、一九八九）を読むと、「原爆」情報を摑みながら防御に役立てられなかった解析の脆弱さがあった。日本の暗号解読がどれほどの成果をあげたかは未知数である。

淵田の日本海軍への失望

真珠湾の第一波、第二波攻撃の戦勝戦果は世界の海戦史上稀有なものだったが、南雲司令長官は後続の反復攻撃を中止して全艦、全部隊を日本に帰投する決断を行った。戦は勢いだ、勢いのある間に可能な限り敵を叩いておくべきだと、淵田や源田実らの戦闘部隊は帰投に大反対した。

この戦では真珠湾にいるはずだった米空母を発見できず、一隻も仕留めることができなかったという後悔があった。しかし南雲は反復攻撃の中止、帰投の方針を変えなかった。深追いしなかったこの南雲の決定が弱腰だったという評価があり、米側もこれを認めているが、南雲は日本の航空隊は攻撃には強いが、偵察による情報収集戦には弱いという懸念をたえず口にしていた。その情報戦の弱点こそ、次の戦場だったミッドウェーの大敗に結びつき、日本の戦況がどんどん悪化していった主要因だった。

米軍は日本側の外交暗号のパープル暗号をマジックと称して解読しており、日本側が宣戦布告文書とした一四通の外務省発駐米大使館着の暗号電報等をいずれも米側は解読していたが、ハワイのキンメル将軍、ショート陸軍中将率いる米国太平洋艦隊は日本軍の奇襲攻撃への警戒を怠っていた。ワシントンは解読した暗号情報をすぐにハワイへ知らせなかったという問題は、戦後もずっと尾を引いてきた。

ミッドウェーで空母飛龍と運命を共にした山口多聞少将も淵田と同様に、勢いに乗って後続攻撃を続け、可能な限り米艦隊を叩くことを主張していた。ミッドウェー海戦時、淵田は赤城に乗りこんではいたが、盲腸炎が悪化して手術を受け戦闘に参加できなかった。淵田は地団太踏んで悔しがったが、もし彼が真珠湾と同じように航空隊を率いていたとしても、戦況は変わらなかったかもしれない。

ところで、淵田は真珠湾奇襲の戦果をめぐって大本営が虚偽を作り出そうとしたことを、回想記の中で暴露している。淵田の日本海軍への失望が真珠湾攻撃で早くも露呈した事件だった。

防衛庁戦史叢書『ハワイ作戦』によれば、機動部隊の奇襲攻撃の前に日本の潜水艦が真珠湾周辺海域に潜って米側の艦隊の動向を探っていたが、小型潜水艇が米国の掃海艇に発見された事件があった。真珠湾奇襲に先立つ一二月七日午前三時四二分（ハワイ時間）だった。これは米軍と日本軍の真珠湾における最初の接触だった。このあと午前六時三三分、哨戒中の米軍飛行艇が小型潜水艇を発見し撃沈した。

奇襲攻撃前に日本の特殊潜航艇五隻が投入され、真珠湾内に潜入して敵艦隊の配置などの情報探索にあたっていた。特殊潜航艇は乗員二名、魚雷二本を積んだ小型潜水艇で真珠湾攻撃の前年に考案されたが、真珠湾では一隻も帰還しなかった。米側に若干の資料が残されており、前掲『ハワイ作戦』にはその米国資料の一部が出ている。

九人の「軍神」のすり替え

山本連合艦隊司令長官はこの特殊潜航艇の特別攻撃隊に「感状」という賞を授与し、「武勲抜群ナリト認ム」とした。真珠湾奇襲から約二ヵ月後の一九四二年（昭和一七年）二月一一日付である。

この特殊潜航艇の「抜群」の武勲とは何か、自分たち航空攻撃隊の功績を差し置いて、淵田たちには理由がわからなかった。ちなみに淵田らに「感状」が渡されたのはそれから二ヵ月後の四月一五日のことで、それには「武勲顕著ナリト認ム」とある。

「抜群」と「顕著」を比べれば「抜群」のほうが上だ。淵田の胸中は収まらなかった。スウェーデンあたりからのニュースや噂で特殊潜航艇搭乗員一名が捕虜になっているとの話が漏れ伝わってきた。大本営はそれをひた隠しにし、帰還せず戦死したと見られる特殊潜航艇五隻の特別攻撃隊員九人を二階級特進させ、「軍神」に祀り上げようと画策していた。

捕虜になったのは第二四潜の酒巻和男少尉だったが、彼の名前は当時の出撃名簿から削除された。面子を重んじる大本営は捕虜になった人物を「軍神」とするわけにはいかなかったのだ。酒巻は米駆逐艦の攻撃で艇が故障し座礁したため艇外に逃れるが、ベロース飛行場沖の海岸に倒れているところを米軍に発見され捕虜となったという。酒巻は太平洋戦争における捕虜第一号だった。

実は真珠湾から淵田が日本へ帰投した時、大本営のある参謀から「アリゾナの撃沈を特別攻撃隊の戦果にくれないか」という話を持ちかけられていた。アリゾナを撃沈させたのは特殊潜航艇の魚雷攻撃の手柄だったということにしてほしい、ということだった。淵田は断った。戦果を奪われるからではなく、アリゾナ撃沈は真珠湾の戦艦繋留の構造から見て、潜水艦では技術的に攻撃できない仕掛けになっている。「アリゾナには潜水艦の魚雷攻撃は効かない。そんなことを公表したら世界のもの笑いになる」と訴えたが大本営がその決定を変えることはなかった（淵田、前掲書）。

淵田の部下の不満も収まらなかった。戦死したとはいえ、特殊潜航艇の隊員は二階級特進だが、あれだけの功績を挙げた航空隊員は一階級特進でしかない。日本軍は無傷だったと喧伝されてはいるが戦死者を五〇人も出し、失った戦闘機は二九機ある。その大きな犠牲に対する責任を淵田は感じていた。しかし部下には、「特殊潜航艇は、始めから生還を期さない特攻をやったんだ。アリゾナは彼らにあげなさい」となだめ、隊員たちの不満はとりあえずは収まったといっている（淵田、前掲書）。

真珠湾の具体的な戦果が大々的に日本の新聞に大本営発表として報道されたのは、翌四二年三月七日付である。先述した四一年一二月八日の夕刊でも、「ワシントン大使館で機密文書焼却」の記事があるのに、ハワイの報道は「ホノルルを猛空爆」「マレー半島奇襲上陸」と並んでいるだけで、他の大戦果に比べても大きな扱いではない。

同年三月七日の『朝日新聞』は一面トップで「殉忠古今に絶す九柱」「偉勲輝く特別攻撃隊」、『読売新聞』も「軍神〝特別攻撃隊〟九勇士」「日本海軍の忠烈世界に宣揚」と書いた。特殊潜航艇の九人が「軍神」として称揚されたのだった。要するに淵田らの真珠湾航空部隊の成果よりも特殊潜航艇がその夜に行ったアリゾナ撃沈のほうが成果が大きかった、という嘘の報道がまかり通っていったのだ。

大本営は一二月一八日、「味方航空部隊の猛攻と同時に敵主力を強襲あるいは単独夜襲を強行して少なくとも戦艦アリゾナを撃沈した」と発表したにもかかわらず、無理をしてでも事実を曲げて偽装しなければならない裏の事情があった。

宇垣纏《まとめ》連合艦隊参謀長は一二月八日の日誌「戦藻録」にこう書いている。

「昨夜親潜より卸された五隻の豆潜が、湾内に侵入して敵艦を襲撃した筈である。之を敵は機雷敷設と間違えて、湾内の掃海を命じたものと思はれる。其の豆潜が帰ればよし、帰らざる時、之が苦心の功績を誰が証明し得るものぞ」。

さらに、一二月一〇日付には、こうある。「彼等不滅の功績、今之を明らかにして酬ゆるを得ざるを遺憾とす」。

宇垣の日記には、早い段階でアリゾナの撃沈の功績を特殊潜航艇の功績にするという考えが見られるが、これが事実誤認の報告に基づくことなのか、あえて事実のすり替えだったのかはわからない。

淵田は、酒巻の捕虜ニュースの情報源はスウェーデン発と回想記で書いているが、アメリカではラジオで報道されていたことが、日本の大本営ではひた隠しにされていた。当時の新聞も一切、酒巻の捕虜事件は報道していない。

大本営の嘘で「九軍神のイメージ」が俄かに日本では作られたのだが、これは太平洋戦争の歴史修正第一号でもあろう。国民が真珠湾の大勝利に沸くなかで、捕虜第一号が「歴史修正主義」と連動して登場したというわけだが、本来なら捕虜となり行方不明の酒巻も軍神に加えて一〇軍神とすべきところだった。大本営は当然、酒巻が捕虜になったことを知っていたはずで、捕虜を屈辱として嫌い搭乗名簿から削除し、出撃したメンバー数を一〇人から九人に減らした。大日本帝国の面子とはそういうものであった。

淵田はこの酒巻への処遇に表だって異を唱えることはなかったが、自分が率いた航空部隊の功績が特殊潜航艇より低く見られたことへの怒りは、ふつふつと腹の底にたぎっていたに違いない。淵田が名将の誉高かった山本五十六を「凡将」といい、低い評価を下したのはそのせいかもしれない。

開戦初日に大本営がついた嘘

ところで真珠湾奇襲の陰にはもう一人の裏のヒーローがいた。

ホノルル領事館に書記生・森村正の名で軍がスパイとして送りこんでいた元海軍少尉・吉川猛夫である。彼は、一九四一年春から真珠湾攻撃までパールハーバーの米戦艦の動静を探るのが主たる役目で、真珠湾が見えるアレワ高地にある日本料理店、春潮楼に客として出入りして真珠湾を観察していた。

吉川は真珠湾情報を領事館から外交暗号を使って発信していた。インテリジェンスとはとても言い難いアナログ手法だったので、米側も吉川の存在には気づいていたが、深く追及をしなかったといわれる。

あるいはＦＢＩに泳がされていたのだろうか。ＦＢＩはハワイ人口でもっとも多数を占める日系人への警戒は怠りなく、日常的に監視していたが、日系人社会と吉川のつながりはほとんど確認できなかったようだ。この吉川が収集した情報が出撃前の機動部隊に無電を使わずに人力で届けられ、「真珠湾には空母がいない」という最新の重要情報に結びついた。吉川が収集した真珠湾情報を単冠湾に集結した機動部隊にもたらした鈴木英少佐の活躍はその成果だったと考えられる。空から真珠湾の艦船配置を観察した淵田は、南雲長官から受けた報告どおりだったと回想している。

真珠湾が日本海軍の標的になっているとは知らされなかったという吉川だが、湾口の潜水艦防護網の有無に関して日本から再三の問い合わせがあったので、深夜、オアフの密林を抜けて湾に侵入を図ったことがあった。真珠湾の海まで達すると米兵が木と木の間に洗濯物を干し、口笛を吹いている姿が見えて肝をつぶしたが、忍者の水遁の術を使って海に潜った。しかし防護網は発見できず、吉川は「詳細不明」の電報を日本へ送った。

特殊潜航艇は真珠湾攻撃のための補助兵力として極秘に考案されたもので、大本営でも海軍関係者しか知らなかったといわれるが、淵田は攻撃隊長だったので、この存在を知らされていた。

豆潜水艦といわれた特殊潜航艇は、空爆による奇襲の後に残った米戦艦を攻撃する目的で、一二月七日の日の出一時間前に湾口に潜入することになっていた。しかし五隻とも米駆逐艦に見つかって撃沈されたり、座礁して酒巻艇は捕虜になったりしたのだが、唯一、「トラ・トラ・トラ」信号を受信した横山艇の存在を吉川はあげている。もし横山艇が「トラ・トラ・トラ」を受信していたのが事実なら、特殊潜航艇は何らかの仕事をして戦果を挙げたことになる。また吉川は日本軍の空爆が終わった日の夜の八時ごろに真珠湾で爆発音を聞いたと主張している（吉川猛夫『真珠湾スパイの回想』朝日ソノラマ、一九八五）。

その夜、仮に潜航艇の一部が、攻撃を免れて残っていた米戦艦を攻撃したとしても、大本営が発表した戦艦アリゾナではないことははっきりしている。アリゾナが空爆によって撃沈されたことは淵田の目視証言や米軍側の多数の目視によって確認されている。アリゾナを沈めたのは豆潜水艦だったという話は、太平洋戦争開始の初日から大本営がついた嘘である。

特殊潜航艇に関しては米国側の調査記録もあるが、米国側は特殊潜航艇の戦果はいっさいない、と発表している。真珠湾のモニュメントになっている戦艦アリゾナを沈めたのが豆潜水艦だったとは、論外なのである。前掲『ハワイ作戦』は以下のように報告している。「この攻撃は米側資料によるとなんら実効果を収めていないが、その原因が兵器特に魚雷にあったのか、搭乗員の心理にあったのか、その技量にあったのか、計画の適否によるものか、なお十分の検討を要する問題である。（略）この特別攻撃隊が実施した特殊潜航艇による攻撃は残念ながら物的戦果は得られなかったが、敵に多大の脅威を与えたばかりでなくわが海軍部内に特攻的精神を盛り上げた効果は大きい」。

この記述からもわかるように、特殊潜航艇が戦艦アリゾナを魚雷攻撃で撃沈させたことは事実ではない。

ミッドウェー海戦での貧弱なインテリジェンス

海軍大本営の嘘といえば、ミッドウェー海戦の大敗戦を徹底的に隠蔽したことでも知られる。逆にこの海戦に関する四二年六月一〇日の大本営発表では、「米側損失は空母エンタープライズ、ホーネット撃沈。米軍機一二〇機撃墜。日本軍損害は 空母一隻喪失、巡洋艦一隻大破、航空機三五機の喪失」と大嘘をついている。

実際には空母赤城、加賀、蒼龍、飛龍、重巡洋艦三隈などが大破、沈没、航空機二八九機喪失、山口多聞少将ら兵員約三〇〇〇余人が戦死した。米側の実際の損害は、空母ヨークタウン沈没以外にさしたる大きな犠牲はなく、兵員の戦死者は日本側の一割の三百数十人程度だった。大本営発表の戦果は日米が逆転した戦果として報じられていた。

たとえば『朝日新聞』(四二年六月一一日付)は大本営発表をそのまま伝え、「アリューシャン列島に猛攻」「米空母二隻撃沈、わが二空母、一巡艦に損害」「大平洋の戦局、この一戦に決す」など大敗北を勝利と言いくるめた報道になっている。

新聞を読んだ国民は真珠湾に続き、日本海軍はまた勝利を収めたと欣喜雀躍したのであった。私の伯父は海軍大佐として連合艦隊にいたが、海戦の生存者を千葉近郊の海軍施設に集めて極秘の聞き取り調査を命じられ、「敗因」を分析して報告書を作ったことがあることを、密かに日記に記していた。しかし報告書の内容は「墓場まで持ってゆく」と詳しい記述はしていない。

真珠湾で無残な敗北を喫した米海軍はその前にはできていなかったとされる日本の海軍暗号の解読を進めており、日本軍の動きを察知するようになっていた。失敗の教訓を素早く生かすのが米国のやり方だ。真珠湾の勝利感に浸っていた日本側はミッドウェー作戦を「MI」というなど、作戦情報が事前に漏れていた可能性がある。実際、海軍暗号略号AFは米軍に解読され米軍は次の攻撃目標がミッドウェーであることを割り出していた。

しかし大本営では、日本海軍と陸軍の間の激しい権力闘争といがみあいの軋轢があり、昭和天皇もこの対立を懸念していたとされ、海軍大本営が発表した戦果情報の嘘に陸軍が騙されるなどということもあったという話を、陸軍情報参謀だった堀栄三は書いている（『大本営参謀の情報戦記』）。

米軍は南雲機動部隊がミッドウェーに進軍するところに待ち伏せして空母を迎撃するなど、日本側の暗号解読技術を進化させて裏をかき、真珠湾の驕りの中にいた日本海軍に対して猛攻撃を行った。真珠湾からわずか半年後のことで、この後、制空権を失った日本軍は、南太平洋のガダルカナル敗戦、ソロモン諸島上空での山本長官の待ち伏せ撃墜、マキン、タラワ敗北などで一挙に、敗戦の坂を転げ落ちた。太平洋戦争末期のレイテ戦敗北の原因も、台湾沖航空戦の海軍大本営による戦果誇張にあったといわれる。

淵田は空母を中心とした航空作戦を大規模に導入するよう力説した若手将校の一人で、真珠湾では成功したが、日露戦争時代の先例を踏襲する大艦巨砲主義の考えを改めることができなかった。日本の軍組織は明治時代からの海軍の「大艦巨砲主義」、陸軍の「歩兵主義」という古い戦術の思想から抜けられなかったことが、太平洋戦争の真の敗因だった。

これに対してアメリカは太平洋島嶼に飛び石状の基地を作り、飛行場を建設し、日本が作った飛行場を占領して制空権を確保し空爆した。日本が地上の点の占領にこだわったのに対し、米軍は面の占領つまり制空権による空間的占領を拡大して、空から日本軍を圧倒した。

米国はすでに電子化時代を見越したインテリジェンス作戦をミッドウェーでは導入しており、真珠湾のスパイ吉川猛夫は、「捕虜尋問によって知ったことだが、ミッドウェー敗戦の原因は、敵の新型レーダーの仕業だった」といっている（前掲『真珠湾スパイの回想』）。

米国はマジックと称する日本の外交暗号の解読をしていたことは知られているが、フィリピンや東南アジア関連の米軍暗号解読の精度は、ハワイよりもはるかに高かったことも吉川は指摘している。

ところで、真珠湾までの米軍は日本海軍の暗号を傍受しても、解読に成功していなかったとされる。ミッドウェーの情報戦の勝利で勢いづいた米軍は山本五十六司令長官が視察に向かうスケジュール表の海軍暗号を解読し、山本の乗った戦闘機が目的地上空に到達する正確な時間を割り出して、ガダルカナル基地から飛んだ米軍P－38戦闘機一六機が上空で待ち伏せし、山本の戦闘機を撃墜したのである。山本が時間厳守の生真面目な性格であることまで調べ尽くして計算した待ち伏せ作戦だった。淵田は日本海軍のシンボルだった山本司令長官が敵に撃墜されたことは、敗戦を意味すると悟った。

レーダーの精度を高めた米軍は、大量の機密文書を戦地まで持ち運ぶ日本軍の悪癖ともいうべき組織習慣の裏をかいて、日本の機密文書をせっせと収集した。戦闘機が撃墜され、潜水艦が撃沈された後、米軍はこれを引き上げたり残骸を漁って、機内や艦長室の金庫に残された機密文書や暗号解読書類を収集した。

とりわけ、マニラ沖の浅瀬で沈んだ重巡那智は機密文書が詰まった宝の山だったといわれる。この「那智文書」は、「日本海軍の戦闘のやり方から捷作戦の計画から兵力からなにからなにまで一切が揃っていた」と吉川はいう（前掲書）。

真珠湾のスパイの顚末

吉川は真珠湾奇襲攻撃の夜に喜多長雄総領事をはじめホノルル領事館員らと共に敵国のスパイの容疑でＦＢＩに連行された。ＦＢＩはすでにドイツ人のオットー・キューンを同様の容疑で逮捕しており、キューンと吉川の関係も疑っていた。

実際、吉川は日本からの指示でキューンに大金を払ってスパイ活動を依頼してもいた。キューンには平時の情報収集だけでなく、一二月七日の真珠湾奇襲前に、特殊潜航艇に灯火による合図の信号を送るように頼んでいた。しかしキューンはナチスの代理人であったにせよ、あまり熟練のスパイではなく、尻尾をだしていたのでＦＢＩは難なく監視下に置いていたといわれる。戦後、日本領事館がこのような人物と取引していたことに日系人たちは驚いていたといわれる。

キューンは裏オアフに二軒の家を持っており、この家の窓から沖合の海面に潜望鏡をのぞかせた特殊潜航艇に情報を送る工作が任務だったというが、その通信相手がワイナマロの珊瑚礁に座礁した酒巻の特殊潜航艇だったとされる。しかし先述したように、酒巻は捕虜になり他の特殊潜航艇四隻は撃沈されてしまったので、キューンの仕事がどのような実効性をもたらしたかはわからない。

キューンはスパイ容疑で死刑判決を受けたがのちに減刑された。吉川や喜多らホノルル領事館員らは本土のアリゾナへ送られて拘留生活を四ヵ月ほど送ったあと、交換船に乗せられて日本へ送還された。外交官だったこともありスパイ容疑としては比較的軽い扱いだった。吉川たちがなぜハワイから遠く離れた遠隔地のアリゾナまで身柄を送られたかはわからない。恐らく真珠湾で撃沈され大量の死者を出した戦艦アリゾナの意趣返しの措置だったのではなかったか、と吉川は推測していた（吉川、前掲書）。

ところで吉川は真珠湾奇襲の半年ほど前の四一年五月一二日にホノルル領事館から東郷外相宛てに第一信を送ってから一二月六日までに一七七通の暗号電報を送ったと告白している。これらの電報は米軍の傍受ができないように民間会社の海底ケーブルを使って送っていた。民間の電話会社を官憲が盗聴することは、米憲法で禁止されていたからだ。

真珠湾で日本軍は派手な戦果を競ったが、真珠湾奇襲の全貌は表から見えないものが多い。なぜ日本はあえて真珠湾奇襲を行ったか。空母は不在だった真珠湾を叩くだけで引き返し、オアフかどこかの島を占領することは考えていなかったのだろうか。

当時の日本側の資料の多くが敗戦と共に焼却されたり処分されたので、正確な記録は残されていない。その日、吉川は真珠湾奇襲の成功を密かに喜びながら、ホノルル領事館で証拠書類を焼却していたところをFBIに踏み込まれた。

ホノルルの軍事基地だけでなく、奇襲攻撃をまともに受けた真珠湾では民間の住民や最多人口を占める日系住民たちは、物心ともに大きなダメージを受けた。ハワイでは約二〇〇〇人がスパイ容疑でFBIに捕まり拘留され、厳しい尋問を受けたがスパイと認定された日系人は領事館関係者を除いては、一人もいなかったことを、ハワイのFBIの責任者だったシーバスは後に明らかにしている。日本側は日系人たちの間にスパイ網を張り巡らせていたといわれるが、もしそうだったとしても、ハワイの日系スパイ網は機能していなかった。ハワイに住む日系人たちはどのようにして祖国による真珠湾奇襲と開戦を受け止め、対処したかは第二章で続けたい。

第二章

日系ハワイ人たちの真珠湾

ハワイの442部隊で活躍した日系二世ダニエル・イノウエ上院議員（『ハワイ日系米兵』）

敵と味方に分かれて戦った兄弟

ホノルル中心部の繁華街ヌアヌ通りからアラモアナショッピングモールを過ぎて、パールハーバーへ向かう西へ約五〇キロの風光明媚な海岸は、ヨットやサーフィンを楽しむ若者たちのメッカだ。日本軍が奇襲したころ、この道端はサトウキビが一面に生い茂っていたという。そのサトウキビ畑で汗水たらして働いていた人の多くが、日系の一世か二世の人々だった。

彼らの中には日の丸をつけた零戦の編隊が轟音をとどろかせ、全速力でパールハーバーを目指して飛んでゆく風景を目撃し、やがて湾から黒煙が上がるのを見た人がいる。これは米軍の演習かと思ったが、翼に日の丸の飛行機が米軍にあるはずはなく、本物の戦争が始まったことを知った。

一九四一年一二月七日早朝、ソウジロウ・タカムラはラナイ島で積み荷を降ろしてホノルルへ戻った時、戦闘機の射撃を目撃した。自宅の屋根に上ってパールハーバーの方向を見ると、煙がもうもうと上がっていた。ラジオが、「これは演習ではない、本当の戦争だ」と放送した。日本人と思われることが嫌で、日本人として振る舞うことをやめた。その後、軍隊に入りＭＩＳと呼ばれる秘密情報部門に配属され、日本語の特訓、通信傍受の翻訳や書類翻訳の仕事をしていた。

戦前、姉が日本で結婚した夫の二世が日本軍の通訳としてフィリピンのマニラにいた。戦時中は姉とは敵と味方の関係にあったことは、複雑な思いだ。

ハワイ大学を卒業した兄は早稲田大学に留学していたが、二重国籍だったので日本軍に徴兵され、沖縄で戦死した。一九四〇年に兄と別れて音信もなく、それきり会ってはいない。弟はハワイの第四四二歩兵部隊に入ってビルマ戦線にも出征した。

戦後、戦艦ミズーリで日本が降伏文書に調印したとき、通訳としてGHQで戦争処理の任務についたが、横浜から焼け野原の東京が見えた。両親はさぞかし辛かったたろう、とタカムラは語っている（矢口祐人、森茂岳雄、中山京子『入門ハワイ・真珠湾の記憶――もうひとつのハワイガイド』明石書店、二〇〇七より引用）。

米国陸軍情報部は真珠湾攻撃が午前七時五五分に起こったと発表した。タカムラのパールハーバーの体験は、それまで真面目に一生懸命に働き暮らしていたハワイの日系人の多くが経験した辛苦でもあり、母国と祖国と家族、兄弟姉妹が引き裂かれた歴史でもあった。この苦難の歴史を修正することなど決してできないことだ。

日本軍の暁の奇襲攻撃ではパールハーバーの米軍基地にいた海軍兵士だけが犠牲になったのではない。近隣のマッカリーでも非戦闘員の民間の市民五九人が爆弾や流れ弾を浴びて死んだり、家や財産を失った。当時、地元紙『ホノルル・スター・ブリティン』は号外を発行し、真珠湾の軍施設の損害だけでなくホノルル市民が多数死亡したことを報道している。これに対してワシントンやニューヨークの本土の大新聞は爆撃の被害面は比較的冷静に報道し、「日本の卑劣な宣戦布告なき奇襲攻撃」の側面を強調して書き立てていた。

第一章でも述べたように、日本が一一月三〇日ごろに戦争を仕掛けてくるという情報はあったが、それがパールハーバーとは考えておらず、戦争警戒警報は出していたものの、米軍のハワイの警戒には緊張感が欠如していた。一二月六日の奇襲攻撃前夜のホノルルの盛り場には白い制服の海軍兵士があふれ、恋人とデートしたり、酒場でビールを飲んだり踊ったりして週末の休暇を楽しんでいた。

『ホノルル・アドバタイザー』は、日本がアメリカを攻撃する可能性があることは伝えたが、ハワイや真珠湾が目標になっていることは、一切、報道してはいない。

また日系二世の少年ジョージ・アキタは、「木曜日（真珠湾攻撃の三日前）に、『ハワイは攻撃を受ける可能性はあるか』というテーマで議論したばかりだった。大半の人の反応は『ノー』だった」と日記に書いている（荒了寛編著『ハワイ日系米兵――私たちは何と戦ったのか？』平凡社、一九九五）。生徒たちは、「日本は中国でさえ征服することはできない。日本はいずれ力を失うだろう」と考えていたという。

一二月七日早朝、母国日本の奇襲攻撃で受けた日系人たちの物心のダメージは、筆舌に尽くしがたいものがあった。思いがけず敵性人種と指定され、日本側のスパイ視された日系人の中には職を失ったり、絶望と傷心のあまり娼婦になってしまった若い女性がいたという。軍隊に入隊していた日系の若者は除隊になり、ハワイ州の守備隊にいた日系二世は武器を取り上げられた。ちなみに、「ジャップ」という言葉はこのころから使われるようになったといわれる。

言葉も文化も風土も違うハワイへ移住し、昼夜を問わず黙々と働き続けハワイ社会に同化してきた日系人たちの涙ぐましい努力は、一朝にして水泡に帰したのだった。

真珠湾奇襲直後にハワイ大学の研究者や学生たちは「戦争記録保管所」（The War Document Depository）を作り、戦争被害記録の収集を行った。本土から戦時下ハワイの調査に来たハワイ大学客員教授のリンド、アダムズの両博士が調査を指導した。政府情報、ハワイ準州情報、停電、献血、疎開、食糧、産業、経済、サボタージュ（破壊活動）、道徳、体験、個人資料、会話、論争、統計、事件、犯罪、不動産など多様で詳細な情報がリーフレットで蓄積されていった。この記録保管はハワイの各新聞社ともリンクしてニュースの収集も行っていた。真珠湾の数千人の個人体験が約八〇ページにわたるタイプ記録になりハワイ大学図書館に残されている。

軍当局、政府、ハワイ準州、ＦＢＩ、警察の公式な記録とは別に民間の戦争記録として大学が収集して後世の歴史研究のためと戦時の市民生活向上に役立てようと企図したのであった。

この記録の中に、一二月七日の「日系人の真珠湾体験に関する調査」（"*American Sociological Review*" Vol 10, Number1, Feb. 1945）がある。

ハワイ大学教授バーナード・Ｌ・ホールマンによれば、米政府の扱い、自己満足度、日本への感情、米政府への忠誠、米政府の規制、他人種に対する子供の態度、市民としての態度、日系人であることへの嫌悪感、戦争への貢献度、運命論者、ペシミズム、中国系・ポルトガル系・フィリピン系などの人種との関係など、その調査項目は多岐にわたっている。

爆弾の炸裂で義理の息子と四人の孫を失ったという女性は英語が話せず、日本語で話した。若い男性は「私はこれまで軍隊に入っていなかったが、今後はアメリカへの忠誠を証明するために何をしたらいいかを考えている」。

ある若い女性は「眠っていたら突然、爆弾の音がして家が震えた。ベッドの下にもぐりこむと、爆撃機が頭上を通り抜けた。これからは好むと好まざるとにかかわらず、人種差別が起こるのは目に見えている」と書いている。

知人とドライブ中だった若い女性は、「爆音が聞こえた。周囲の人々が興奮し、ざわめき、怖れ、さまよう等のヒステリーを起こすのを見て戦争が起こったことを実感した。信じられなかった。あの時の人々の顔を忘れることはできない」などという、その時を体験した短いが臨場感あふれる言葉が並んでいる。ワイメアの学校に通っていたある日系女生徒は、「もうジャップとは付き合いたくない」という内容の手紙をクラスメートからもらった。

これらの研究をリードしたリンドは、全米の日系人収容の記録を分析し、『ハワイの日本人――民主主義の実験』という本を戦後に出版した（島田法子『戦争と移民の社会史――ハワイ日系アメリカ人の太平洋戦争』参照）。

第一次世界大戦時に山口県出身の父がハワイに来たという二世のエド・イチヤマは、一二月七日、仕事中に日本の攻撃機が頭上を通りすぎるのを見たという。その夜、FBIが自宅を訪れ、スパイの疑いで家族の綿密な情報を聴取された。次兄が日本にいて日本海軍に入っていたからだ。

イチヤマはハワイ日系人部隊の第四四二大隊に入りイタリア戦線で戦った。長兄はアメリカ空軍に入ったが、日本海軍の次兄は消息不明になった。兄弟が敵と味方に分かれて戦った家族だった。義母と妻は西海岸に住んでいたので強制収容所へ送られて長い収容所生活を送った。

戦後、兄弟は再会したが気まずく辛い雰囲気はなかなか解けなかったというが、ハワイに来た次兄とパンチボウル（ホノルルにある戦没者兵士の墓）で話し合った時、ようやく和解ができた。それでもイチヤマは「アメリカは素晴らしい国だと思います。日系人の強制収容に対し、きちんと謝罪したからです」と話しているという（以上のエド・イチヤマの話は、前掲『ハワイ・真珠湾の記憶』のインタビューから）。

日系初の米上院議員ダニエル・イノウエ

二〇一二年に死去したハワイの日系二世ダニエル・イノウエは日系初の上院議員として全米で著名な政治家である。安倍首相が一五年に米国両院議員を前に演説した際もイノウエを讃える言葉があった。米国軍隊で最も多くの勲章をもらったとされるハワイの四四二部隊に入隊、イタリア戦線で片手を失う負傷をしながら連合国軍の勝利に貢献した。真珠湾奇襲で日系人は敵性民族と危険視されていた偏見が除かれたのも、イノウエの功績が一つの要因になっている。

戦後、イノウエは民主党議員となって上院で活躍し、日系人の強制収容所送りの名誉回復や戦後補償に尽力したほか、大統領の犯罪といわれたニクソンのウォーターゲート事件の特別調査委員会のメンバーになるなど、人種差別と闘うクリーンな政治家として知られた。大統領継承順位第三位である上院仮議長の要職を務め、死去したときには同じハワイ州出身のオバマ大統領も特別の弔意を表した。

このイノウエのサクセスストーリーの背景にあるハワイの青春時代の苦悩や真珠湾体験、四四二部隊に入って日系人の汚名をそそいだ半生の歴史を彼の著書『上院議員ダニエル・イノウエ自伝――ワシントンへの道』（森田幸夫訳、彩流社、一九八九）などの資料をもとにして辿ってみよう。

一九四一年、ハイスクールの生徒だったダニエル・イノウエは、ハワイ大学医学部に進学する決心を固めたところだった。穏やかだったいつもの夏が過ぎて秋になると、日米関係の軋轢が厳しくなったことは知っていたが、野球とダンス音楽に夢中でテナーサックスとクラリネットを吹き、少し腕白だが普通の少年だった。

その日曜日の朝、一家そろってのんびりと朝食を取り、自分の部屋に戻って九時から始まる教会の礼拝へ行く準備をしていた。いつもの習慣で小型ラジオのスイッチを入れるとラジオの中からどなり声が聞こえてきた。

「パールハーバーが日本軍に爆撃されています。これは訓練飛行でも演習でもない」とラジオは繰り返していた。

血の気が引き、平和だったひとつの時代が幕を閉じた、とダニエル少年は思った。

『『お父さん！』叫ぶと同時に、思わず凍りついたように、たちすくんでしまい、指はギュッとシャツのボタンをつかんでいた。ズキン、ズキン、と血がこめかみをうっているのがわかった。(略) 攻撃など、うそだ。訓練飛行でなければ、まちがいだ。なにが本当なものか」とその瞬間の衝撃についてイノウエは自伝で回想している(前掲書)。

「父と私は、家の南側で暖かい日ざしをあびながらたって、かなたのパールハーバーのほうに瞳をこらした。高射砲からパッパッとあがる黒い煙が、うす青い空に広がると、そよ風にのってずっとたなびいていた。これじゃ訓練飛行なんかではないな、(中略) 大火につきもののきたない灰色の煙が、渦をまきながらあがって、パールハーバーに広がると、あたりの山や地平線をおおい隠してしまった。と同時に、じっと耳をすましていると、アメリカ軍の高射砲が、ヒスをおこしたようにたてているダ、ダ、ダ、という音にまじって、バリバリと炸裂する日本軍の爆弾のにぶい音もきこえた」。

「つぎに敵機が目に入った。灰色の煙がたなびく海のほうから爆音をたてて急上昇し、二人がたっている北の方角にとんで、青い青い空にあがっていった。それから、ときにはばらばらで、ときには編隊で、とんできた。とにかく、翼に例の赤い日の丸、大日本帝国の〝旭日〟がなければ、これはアメリカの飛行機で、きちっと軍隊式の挨拶をしながら上空をとんでいるのだ。（略）父のほうは、歩道のど真中で背筋をピーンとのばしてたったまま、あのなんともいまわしい空をにらみつけていた。そして、深い心の痛手と悩みのあまり、ふりしぼるような声で叫んだ。『このばかども！』」（同書）。

家の中では電話が鳴っていた。赤十字応急手当所からすぐ手伝いに来てほしい、という。危ないからと母が止めるのを振り切ってダニエルは自転車で出かけた。

爆撃で建物が破壊され瓦礫に埋まった死者や負傷者がたくさんおり、多数の行方不明者も出ていた。ダニエルが自転車のペダルをこいで応急手当所に向かう路上にはパニックに陥った人、恐ろしさのあまり動転し、放心したようにうちのめされている人たちを大勢目にした。

日系人の老人がダニエルの自転車のハンドルを摑んで「だれのしわざだ！」とくってかかってきた。「ドイツ人か。ドイツ人に決まっているぞ！」と老人は叫んだ。一七歳のダニエル少年には背負いきれない重い現実がのしかかってきた。涙で目がかすんだ。目の前の現実がどうしても信じられない。このおじいさんもかわいそうだ。ダニエルは自分が育ったハワイのスラム街で暮らす日系の人々のことを思った。

「先祖の国にいま現在いやというほど裏切られ、いきなり、深い痛手をうけ絶望感にうちのめされたこの無慮《ママ》数千の人たちは、一体どうなるのだろう。胸のふさがる思いがした。

だけど、ぼくだって、裏切られた一人なんだ」(同書)。

「いままで必死に働いてきた人たちである。アメリカ社会にうけいれられたい、りっぱなアメリカ人になりたい、というのが悲願であった。ところがいまや、天変地異がおこったようなほんの二―三分で、どうもその悲願はいっさい画餅に帰してしまったらしい。しかも、行く手には塗炭の苦しみが、まちうけているだけだな、と私も心の奥で自覚するにいたった」(同書)。

一二月七日のこの忌まわしい出来事はハワイの一五万八〇〇〇人の日系アメリカ人が一斉に心に抱えた辛い運命の重荷であった。

「この国が敵の気まぐれな攻撃目標だった、というだけではすむまい。私たちの忠誠心も、きっと怪しまれるようになる。なにしろ、敵と顔つきがそっくりなので、無数のアメリカ人がいだいている露骨な敵意が、いつか不意に私たちにむけられるかもしれない」とダニエル少年が感じた懸念は、すぐに現実化した。

ハワイには戒厳令が敷かれ、約三年間も解除されなかった。八日までに約三五〇人の日系人がスパイ容疑で検挙され、特別収容所に送られた。抑留されたのはハワイで日系人に影響力を持っていた日本総領事、外交関係者、天皇崇拝主義者、神道関係者、仏教僧侶、日本語新聞発行人、記者、日本語学校の校長や教員たちだった。日本語による新聞発行やラジオ報道は禁止され、灯火管制が敷かれ、集会もできなくなった。日系人は全員スパイとみなされたのである。

これまでの生活で自由が脅やかされた経験はなかったが、学校では友達がジャップ呼ばわりされ、白人に冷笑を浴びせられる事件も頻発した。

日本の奇襲攻撃は、白人支配に終止符を打ち、有色人種の希望に灯をともしたと日本軍を支持するパンフレットが発行されたという情報もあり、米軍とＦＢＩは日系人の非合法活動や破壊活動に監視の目を光らせた。

祖国をめぐる断絶

日本外務省がワシントンの駐米大使館に送った暗号電報の中に、「大使館が保有する暗号解読機二機のうち一機を破壊せよ」とか「米国人のタイピストは使うな」などの指示があり、この暗号を事前に解読していた米国の情報機関は、情報を国務省や陸海軍には伝達したが、あまり真剣な分析は行われず、海軍は防衛面の点検をしたが、陸軍は日系人のサボタージュ（破壊活動）に対する監視を強めただけだったといわれる。

やがてハワイの日系人たちは祖国が仕出かした奇襲攻撃によって、心身ともに実質的な被害を受けることになった。日本の文化や言葉、風習、信仰を保って生きていた日系人は、いますぐアメリカ人になりきれ、アメリカ英語を話せと強要された。憲兵やFBIが日本語放送が聴ける短波放送受信機や怪しい手紙類を捜し回り、日系人の自宅までやってきた。

抵抗するのではなく日系人二世を中心に「アメリカ化運動」というものが自発的に起こり、日本の古い習慣や文化を否定する運動だったので、一世との親子間の軋轢を生み、家庭内にも混乱が起こった。ハワイで二世という言葉が「nisei」と表記されるようになったのもこのころといわれるが、日系アメリカ人（AJA）という言い方も生まれた。日本から来た一世は日本語ができるのは当たり前だが、二世以降が日本語を話せなくなったのは真珠湾の後遺症といわれる。ハワイの日系一世とその子供である二世の間に、祖国をめぐる断絶が起こったのである。

真珠湾攻撃の一二月七日から一週間ほどたったある日、三人の男がイノウエ家を訪ねてきた。海軍情報部を名乗る男たちは、父がせっせと金を貯めて買った自慢の短波ラジオに目をつけた。男はラジオの裏面をはずして中にドライバーをねじ込んで配線を切断し、真空管を抜いて庭に投げつけ粉々にしてしまった。父が逆らう仕草をしたら男がピストルを出した。

自分たちはアメリカ人だと思ってずっと生きてきたが、こういう緊急事態が起こると敵と一緒くたにされて排除されることをダニエル少年は思い知ったのである。実際、陸軍省は日系人の現役勤務の申し込みを断ったし、以前の入隊者は労働大隊に異動させられたり、州兵の二世はすべて除隊になった。

イノウエはこの奇襲攻撃を実行した祖国日本について、「日本政府は血迷った軍閥にがっちり牛耳られてしまい、帝国軍隊による中国での侵略戦争と、東南アジア一円の威嚇を続けていた」（同書）と日本への呪詛を書いている。厄介な祖国を持ったために、異国にあった日系人たちは営々と築きあげてきた生活を一瞬にして失った。

それでもアメリカ本土では一世、二世を問わず日系人の約一一万人が強制収容所に移送隔離されたのに比べ、ハワイの日系人で長期にわたって収容所に送られた人は約一％にすぎなかった。

それは、真珠湾奇襲直後の新聞で、後にハワイ州知事になった民主党の重鎮ジョン・バーンズが日系人のハワイにおける実績を高く評価し、日系人に寛容な発言を新聞紙上で行った影響もあるが、ハワイ人口の約四〇％を占める日系人を収容してしまえば、ハワイ州の労働力が不足し、経済や行政、サービスが回らなくなる怖れがあったからでもある。日系人たちは厳しい当局の監視を受けながらも、ハワイにとってなくてはならない存在だった。

しかしダニエルのような若い日系青年が真珠湾以後のアメリカ社会を生き抜くには、いかにしてアメリカに貢献するか、自分たちが決して非国民ではないことを行動で見せつけるほかはなかった。そのためには敵国になった日本と戦うしかない。非情といえば非情な選択を二世たちは迫られた。

しかし一世の多くはそれができなかった。口では同調できても、心の中では日本人であるアイデンティティを失うことができなかった。一世たちがハワイに来る前に通っていた日本の学校では忠君愛国、天皇への忠誠と教育勅語を骨の髄まで教え込まれていた。お前にとっての祖国とはどこか、そういう究極の問いが発せられた時、一世の祖国はやはり日本だった。

福岡県の寒村出身のダニエルの祖父は失火の弁済のための出稼ぎでハワイへ来てサトウキビ畑の労働者になり、辛酸をなめながら人種差別と戦い、身を粉にして働き続けた。ようやく一軒の家を手にいれ、家族を養えるようになった。

ハワイへ来た時は四歳だったダニエルの父には日本での生活の思い出が少しあっただけだが、祖父と似た考え方をしていた。もし息子が戦闘に参加すれば日本人を殺すか、逆に日本人に殺されることも覚悟しなければならない。同胞同士の憎しみ合い、殺し合いだけは避けたいと、どこの日系人の家族でも、一世と二世の親子の間で喧嘩が起きた。今まで経験のなかった悲惨な家庭内の喧嘩だった。

しかしハワイ生まれのダニエルのように、二世は祖国アメリカのために戦うことを選んだ。ダニエルはハワイ大学医学部に入学すると、大学には日本と戦い米国への忠誠を誓う日系人の学生運動が起こり、兵士として戦う意思表示をする二世が集まった。

ダニエルも軍への入隊許可が下りるのを待った。二世の活動が米当局や陸軍省の目にとまるようになり、まずは日系人の第一〇〇歩兵大隊が結成された。またルーズベルト大統領の「祖先がどうあろうとアメリカの忠誠な市民に、市民としての民主的権利が与えられるために、日系アメリカ市民の戦闘部隊を結成すること」が承認された。

これを受けた陸軍省が二世義勇兵の受け入れを発表し、のちに勇猛果敢な戦闘が全米で有名になった第四四二部隊が生まれた。ハワイでは志願兵が殺到し、多くの日系二世とともにダニエルも四四二部隊へ入隊した。出征するダニエルは母と別離の抱擁をし、スーツケースを持ってついてきた父親とヌアヌ行きのバスに乗った。父は「家名をけがすなよ」と諭しながら息子を見送った。

「私の人生の大きな岐路になった傷心の日々。当時を思いだすと、戦争への協力に全面的にうちこまざるをえない理由というのは、そもそも、あんなにもしゃくにさわる罪悪感――〝旭日〟をつけた一番機がパールハーバーの上空に姿をみせた瞬間に、二世という二世の背をピシッとうった目にみえない十字架――にあったのだ、とわかる。もちろん、ハワイ在住の私たちには、うしろめたいことは本当に皆無であった」とイノウエは書いている（前掲書）。

祖国のやったことに自分たち日系人には何の罪もないのに、その時の重い罰だけを背負わされたという怨念は消えなかった。

こうして軍人生活に入ったダニエル・イノウエは第四四二歩兵部隊の戦闘で大活躍し、数々の武勲をたて、全米で有名な兵士になる。彼の名を轟かせたのはイタリア戦線だった。米軍はいくら戦争とはいえ、日系人を日本軍と戦わせるわけにはいかないとヨーロッパの戦線に送られたのだ。

「ゴー・フォー・ブローク」（当たって砕けろ）の掛け声とともに、第一〇〇大隊と四四二歩兵部隊の日系人部隊は勇猛果敢な前線突撃を繰り返した。

第一〇〇大隊は一九四一年一月、イタリアのナポリとローマの中間にあるカシーノという町に入った。この町にはモンテ・カシーノという山があり、ドイツ軍がその山を要塞にして立てこもっていた。近くに古城がありマルコポーロが出発したという僧院がある名所旧跡でもあった。第一〇〇歩兵大隊はモンテ・カシーノの要塞に突入したが、地雷や砲撃で一三〇〇人の部隊の半数以上が死傷しながら、山の尾根をナチスドイツから奪還した。

ダニエルが入隊した第四四二部隊は、その後北部フランス戦線に動員され、ボージュ山脈の森林地帯でドイツ軍の攻撃を受けて孤立した第三六師団第一四一歩兵部隊の救出作戦に参加した。通称「失われた大隊救出作戦」といわれている。なぜ白人部隊ではなく、日系人部隊がこの危険な作戦に動員されるのか疑問はあったが、「日系人の名誉をかけて」、戦闘に従事したという。

敵の地雷、戦車、狙撃に迎えられた第四四二部隊は、後続の第一〇〇大隊の日系人部隊と合流して、突撃した。命をかけた突撃でテキサス大隊二四一名の救出に成功はしたが、第四四二部隊の側も一四〇人の死者を出し、一八〇〇人が負傷した。しかしこの第四四二部隊によるテキサス大隊の救出が全米に報道されたことで、日系二世の活躍がアメリカ世論に初めて認知されたのである。

一九四五年五月にナチスドイツが無条件降伏する直前、ダニエルは戦闘中に負傷して右腕を失くした。連合国のヨーロッパ戦勝記念日（一九四五年五月八日）、ダニエルはイタリア戦線の病院で傷の治療を受けていた。敵弾に撃たれた日、ダニエルは中尉に昇進し、名誉勲章受章者に推薦された。ダニエルは全部で三回の負傷を経験しており、さらに位が高い殊勲十字章をもらった。

イノウエだけでなくアメリカ陸軍では四四二部隊ほど多くの勲章をもらった部隊はないといわれた。四七個の殊勲十字章をはじめ三九一五個の個人勲章を受けている。しかし四四四二部隊では犠牲者も多かった。戦死者約七〇〇人、負傷兵合わせて約三六〇〇人の犠牲を出した。

第二次世界大戦における四四二部隊の活躍と武勲が敵性民族と見られた日系ハワイ二世の戦後の評価を高め、日系人初のダニエル・イノウエ上院議員の誕生と、アメリカ政界での幾多の活躍の物語を生みだしたのだった。

多くの犠牲を出しながら、ハワイの日系二世は、日本軍の真珠湾奇襲攻撃の負い目をアメリカ市民としての義務と祖国への忠誠を全面で示すことで、撥ねかえした。

しかしイノウエのように本土（福岡県）に祖先のルーツを持った者と沖縄からハワイに渡った者とは、その運命の濃淡に違いがあった。

沖縄出身者の二重の差別

九〇年代の話になるが、筆者がハワイ大学の客員研究員（シンクタンク・イースト・ウエスト・センターと兼務）として在籍していたころ、沖縄出身の一世のハワイ大学教授に会ったことがある。まだ若いのに一世だというので理由を聞くと、沖縄戦のときは一五歳の少年だったが日本軍に少年兵として徴兵され、戦闘中に負傷して米軍に捕まり捕虜としてハワイの米軍基地へ移送されたという。

取り調べで一五歳の未成年ということがわかり、身柄は釈放され沖縄へ戻すという話になった。

すでに戦争は終わっていたが、彼はもう沖縄へは戻りたくないと懇願し、このままハワイに残ることを希望した。敵国の捕虜の少年がそのままアメリカに居住するという先例はなく、米軍側は困惑したが、彼の意志があまりにも固いので、仕方なしに住居を提供し生活物資も与えてくれた。

「捕虜の生活は沖縄で暮らすよりよほど快適だったし、米軍の人たちは私に親切だった。このままハワイに住みたいと心から願った」という。米軍やハワイ州の援助を受けて自力で教育を受け、ハワイ大学を卒業して博士号を取得、ハワイ大学の教授になった。捕虜体験から始まるサクセスストーリーを聞かされた私は、知らなかったアメリカの懐の深い一面を見た思いがした。恐らく教授は、沖縄戦に幼い自分を駆りだした日本を恨んでいただろうし、捕虜になった自分が故郷へ戻ったとしても、沖縄の生活に希望はないと思ったのだろう。

このハワイ大学教授のような移民一世の存在は異例だが、沖縄からのハワイ移民は本土からの移民より後発である。本土からの移民は山口、広島、神奈川の出身者が多く、一八八五年（明治一八年）の日布両国の政府間契約で官約移民といわれた出稼ぎ移民だった。

貧しい農家の二男、三男が移民の中心だったが、当時の日本は大凶作に見舞われ農家の窮乏はひどかった。ハワイはまだカラカウア王の時代でサトウキビ畑などで働けば日本の五倍の金が稼げるといわれていた。

一八九三年にハワイ王朝が白人勢力によって倒され、ハワイ共和国が誕生して官約移民がなくなり、移民は自由化され民間業者の斡旋に変わった。この白人クーデターで王朝が倒された時、東郷平八郎が率いた日本の連合艦隊が、日系人保護のため、クーデター牽制に出動したことがあった。日本海軍がハワイ真珠湾に向かって出動したのは、明治時代に次いで二度目のことだった。

ハワイに沖縄移民が最初に来たのは一九〇二年（明治三五年）、このハワイ移民を成功させたのは、沖縄の教育者で自由民権運動の指導者だった当山久三で、農民出身の彼は貧しい沖縄農民を救済する手段としてハワイ移民を推進した。

現在のハワイの沖縄系住民は日系人約二三万余の人口中の約四万人といわれる。しかし彼らの生活はもともと本土出身者以上に厳しいもので、日系人であることのほかに、本土出身者からの沖縄差別という二重の差別を受けていた。

沖縄移民のサトウキビ畑の一日の仕事を描いたこんな話がある。

「契約労働者が砂糖黍耕地で働く一日は長く、厳しい。大勢が押し込められた粗末なキャンプで朝の四時半を迎えると、急いで起きて弁当を作り、砂糖黍を運ぶ汽車に乗って耕地へ向かう。耕地は、沖縄とは比べものにならないほどの広さで、はるかな海にまで続いている。

ルナと呼ばれる白人監督に追い立てられて、炎天下での作業が始まる。種黍を植えつける『プラプラ』。畑の草を刈り取る『ホレホレ』。（略）いずれ劣らぬ重労働だ。背丈より高い黍畑の中には、ハワイ特有の爽やかな風も届かない。日差しが強くなるにつれ、全身から汗が吹き出す。しかし、昼食時の三〇分間以外は休憩時間も与えられない。

汗と赤土にまみれた体を引きずってキャンプに戻るのは、夕方五時になっている。（略）ハワイは『地上の楽園』どころか、まさに『この世の地獄』だった」（堀江誠二『ある沖縄ハワイ移民の「真珠湾」――「生みの国」と「育ちの国」のはざまで』PHP研究所、一九九一）。

ただでさえ苦しい生活なのに、戦争が始まって、沖縄出身の日系人の暮らしはいっそう辛いものになった。貧乏はどんどん高じて、ご飯のおかずといえば味噌汁のだしに使っただしがらのイリコだけだった。しかしサトウキビに鉈を振り下ろす力技の毎日を送る日系人は、知らない間に強靭な体力が身についた。この体力が地上戦を戦う兵士に向いていたのである。

本土の日系移民と沖縄系移民は、狭いハワイの島の住宅区域であっても重なることはなかった。それぞれが別の離れた区域に集落を作って住んでいた。外から見れば同じ民族、人種だが、ヤマトンチューとウチナンチューは別の人種だった。服装や食べ物が違った。沖縄の言葉は本土の人間には理解できないほど異なっていた。生活習慣も違い、女性の入れ墨や文化的風習、宗教観、死後の弔いの仕方や沖縄独自の亀甲墓地のあり方も違った。

生活文化風習の違いに重ねて、本土からは差別されてきた沖縄の歴史もからんでいた。沖縄は一五世紀に統一された琉球王朝をいただく独立王国でアジアと東南アジアを結ぶ要路にあって貿易で栄えた国だったが、江戸時代に薩摩が領土併合して王朝を武力でたおし、薩摩藩が支配した。その後、明治維新の廃藩置県の時に日本国に併合され、鹿児島県の一地方になった。「島人」といわれて本土から差別され続けたのが、近代史に登場した沖縄の姿だった。

米軍兵士として沖縄戦に参加

沖縄出身の日系二世、比嘉武二郎は、家族と共に沖縄の父の実家に帰省していたが、三年後、母と二人だけ沖縄に残り、父と兄姉はハワイへ戻った。

武二郎の人生を、先述した堀江誠二『ある沖縄ハワイ移民の「真珠湾」』をもとに辿ってみると、同じ日系でも、ダニエル・イノウエと比べて、本土（福岡県）と沖縄という出身によってまったく違う戦争体験があったことがわかる。同じ第四四二部隊に所属しながら、祖国アメリカに忠誠を尽くして日本と戦うという立場をダニエル・イノウエは貫くことができたのに対し、沖縄出身の日系人にとって、そう簡単に割り切れた戦争ではなかった。

第一次世界大戦後の大不況のころ、沖縄の農家の主な収入源の黒糖の相場が反落し、沖縄は極貧の中にあった。女の子は遊郭へ、男の子は潜水漁師に売り飛ばされるような時代だった。

比嘉武二郎が沖縄の小学校の高等科に進んだころ、ハワイの父が死に、翌年には母が死んだ。武二郎はひとりぼっちになったが、叔父の世話になって学校へ通った。バスケットボールが得意な明るい少年だった（前掲『ある沖縄ハワイ移民の「真珠湾」』から要約）。

そのころの日本は満州国建国、五・一五事件、二・二六事件が起こるなどして軍部が急速に台頭し、大正デモクラシー以降の政党政治は崩壊、学校教育から自由な風潮が一掃され、教育方針は皇国思想と軍国主義に塗りこめられていた。当時の日本では満蒙開拓団という名目で少年義勇兵を募集していた。

貧しかった日本の農村では大陸の満州に新天地を求めて一旗揚げようとする若者も多かったが、武二郎は人間割り当て制度によって強制的に開拓団義勇兵に入れられることを恐れていた。そこでハワイに住む姉の百合子に宛てて、「ハワイで暮らしたい」と手紙を書いたのである。

姉の尽力でハワイに渡った武二郎は姉夫婦の世話になり、YMCAの食堂でアルバイトをしながら英語の勉強を続けた。極貧の沖縄の生活とは比較にならないほどハワイの生活は文明的で豊かだった。

日本軍の真珠湾攻撃に遭遇したのはそのYMCAの食堂にいる時だった。兄の武光はハワイ大学の学生だったが、日系二世たちが作った大学志願兵連盟（BVB）という組織にはいり、米軍の労働部隊に加わった。そののち、第四四二部隊に編入されて出征した（前掲書）。幼少のころ沖縄で暮らした帰米二世の武二郎のほうは日本語ができることに目をつけられ、通訳として米陸軍情報部への勤務を命じられた。

ところが、同じ二世の親戚でも敵味方に分かれたケースがある。一〇歳の時にハワイから沖縄へ戻った武二郎の従兄の安座間弘は、鹿児島の旧制七高を卒業して九州大学医学部へ進んだ。彼は中尉待遇の軍医として日本軍に入隊し、南方戦線に動員された。彼はハワイ生まれで日本国籍を持つ二重国籍だったので、スパイ視されることが多かったという。「教育勅語をいってみろ」という類の上官の嫌がらせを軍隊ではしばしば経験した（同書）。

このように親戚、兄弟が敵と味方に分かれて戦うという究極の戦争体験をした人々が、沖縄出身の日系人には珍しくなかった。日本人の戦争体験は加害者と被害者という二つの視点に分裂したままだが、ハワイの日系人の戦争体験には、加害者であり被害者であるという心理が複雑に入り組んでいる。戦争を語りたくない日系人がハワイでは少なくないのはそのせいだろう。真珠湾奇襲攻撃で日本に裏切られ、強制収容所への収容とスパイ視で祖国アメリカに裏切られ、同じ民族、親戚、家族同士が敵味方に分かれて戦ったという心理的なトラウマがある。

武二郎は「ラブ・デー作戦」といわれる沖縄の地上戦に米軍兵士として参加することを余儀なくされた。日本語に加え、沖縄方言も話すことができたからである。

捕虜となった友人と再会

一九四五年四月一日、沖縄の地上戦が始まった。皮肉なことにエイプリル・フールの日だった。

武二郎は、「アイ・シャル・リターン」を宣言してフィリピンに戻り、レイテ島上陸作戦を指揮するマッカーサー将軍の傘下の部隊に所属し、水陸両用のトラックに乗ってレイテ島に上陸した。前線司令部のテントに呼び出されたとき、テント正面に大きな沖縄の地図が貼ってあった。それを見た時、武二郎は「はあーっ、次は沖縄だ……」と髪の毛が逆立ったという（前掲書）。

上官は一枚の写真を示した。その写真は武二郎が五年前まで住んでいた島袋を上空から撮影したものだった。大空襲によって那覇はほぼ壊滅していたが、島袋はまだ無傷で残っていた。武二郎が暮らした藁ぶきの家や通っていた学校への道も見えた。

それらの風景には「懐かしい思い出がいっぱい刻み込まれている。母も眠っている。世話になった叔父や叔母もいれば、大勢の親戚もいる。恩師も、一緒に遊んだ友達も住んでいる。ハワイに戻ってからも想い続けていたその沖縄へ、いかに情報部の語学兵とはいえ、自分が敵国の兵士のひとりとして上陸していかなければならないのかと思うと、声も出なかった」と武二郎は語る（前掲書）。

日本軍の沖縄の守備は大本営の台湾強化方針によって、精鋭部隊とされた第九師団を台湾へ送り出した後で、まったく手薄だった。日本軍沖縄守備軍司令官の牛島満は三個師団の中の一個師団を台湾に移動させる大本営作戦を了承していた。

那覇空爆で主都は壊滅状態だったので、沖縄県庁は普天間に避難させたが、麻痺した県政を放り出した泉守紀知事は逃げるように本土へ帰ってしまい、沖縄の守備は極めて手薄になっていた。

その手薄な沖縄に米軍は猛攻撃を加えたのである。空爆と艦砲射撃で沖縄本島の住民約四〇万人は震え困窮しながらも、いずれは「皇軍」が助けに来てくれることを信じていた。しかし「ラブ・デー作戦」は皇軍ではなく敵の米軍が行ったのである。四五年四月一日は復活祭の日曜日なので米軍は「ラブ・デー」という作戦名を付けた。

レイテ島を出発した武二郎の部隊は島袋から三キロほど離れた北谷海岸に上陸した。日本からの砲撃はなく、無血上陸だった。血で血を洗った硫黄島の激戦とはまったく異なっていたことに米軍司令部も従軍新聞記者も戸惑っていた。上陸した海兵隊員たちは「白砂や堤防の上でピクニック気分でくつろいだ」とその反撃のないことに驚いたようだ（同書）。

ところが本当の悲劇はそれからやってきた。六日から日本軍航空隊の総反撃が始まった。二三〇機の特攻隊が出撃、戦艦大和を旗艦とする海上特攻隊も出撃した。しかし翌日の七日には徳之島沖で米軍機の猛反撃にあい戦艦大和が撃沈され海上特攻隊も壊滅状態になった。

武二郎は普天間の中央司令部に移り捕虜の尋問を命じられた。

「体格のいい男を捕まえた。民間人に紛れ込んだ日本兵ではないか」という報告を受けて、武二郎は捕虜尋問に出かけた。その場で武二郎は「先生！」と叫んで立ち尽くした。ハワイに戻ってからも、決して忘れたことのなかった恩師・仲村春勝だった。「おう、君か」、先生は答えた。

「まさかこんな形で恩師と巡り合えるとは」と武二郎はその運命に慄然とした。武二郎はこの人は私の恩師であることを証言して、先生とその家族を民間人の収容所へ送るよう軍に指示した。師団長は武二郎が島袋の知人、親戚に面会することを許可し、二人の米兵の護衛まで付けてくれた。親戚の家について面会中も、カービン銃を構えたまま離さなかった。敵兵がどこに潜んでいるかびくびくしていた。老婆が一人隠れていたタコツボを米軍があわや爆破させるところだった。

地獄の摩文仁《まぶに》といわれた激戦地で捕えられた二人の日本兵は衣服もぼろぼろで飢餓状態だった。武二郎がビスケットを与えると、毒が入っているのを警戒して手を出さなかった。見覚えのある顔だったので、小学校の話や恩師の仲村先生の話を持ち出すと捕虜の表情が変わった。三人は小学校の同じクラスの生徒だった。環境と風体のあまりの変化に、お互いが幼馴染であることを認識できなかったのだ。「馬鹿野郎、君ら、同級生を見ても分からんか」と武二郎が怒鳴ると、二人は驚きの声を上げた。そして汚れた顔をクシャクシャにして泣きだしたと武二郎は回想する。「〝ああ、戦争というのは、もう決してあってはいけない〟と心の底から思いました」と語っている（前掲書）。

知られざる「ニイハウの戦い」

真珠湾攻撃の本筋から逸脱した奇妙な戦争がホノルルから遠い離島であった。それは「ニイハウの戦い」といわれるもので、ハワイ以外ではあまり知られていないが、この事件が米国で知られることで、ハワイの日系人をスパイ視する世論が高まったといわれる。

ニイハウ島はハワイ諸島のカウアイ島から南東にある個人所有の小島として知られる。もともとカウアイ島に住むスコットランド出身のロビンソン家がカメハメハ五世から購入した島で、住民は牧場で働く三人の日系人、一八〇人の土着のハワイ人が住んでいただけだった。ブーゲンビリアやハイビスカスが咲く平和な秘境の楽園である。

電気も電話も通っていない文明から遠く隔たった離島で、外との連絡手段といえば狼煙《のろし》の信号で、カウアイ島のオーナーと連絡をとるくらいのものだった。外部の人間の入島を拒んでおり、この状態は現代でも変わっていない。

「この島には純粋なハワイ人が住み、ハワイ語が日常語として生き残った唯一の場所であり、『十九世紀のハワイの生活博物館』と呼ばれることもある」という（中島弓子『ハワイ・さまよえる楽園――民族と国家の衝突』東京書籍、一九九三）。

日本軍の奇襲攻撃の最中に、一機の日本軍戦闘機がニイハウ島のブウワイ村に不時着した。住人が驚愕したことはいうまでもない。日本軍の真珠湾奇襲のニュースは、島人の誰も知らなかった。

GHQで日本の戦時情報を収集・分析した歴史家ゴードン・プランゲは以下のように事件の顚末を記録している。

「外の世界との交通は、週に一回のカワイ島からの補給船か非常用ののろしだけだという辺ぴなこの田舎島の村人の行動は、オアフ島の訓練された多くの士官たちよりもはるかにすばしこかった。彼らは不時着陸した飛行機に駆けよって座席の天蓋をあけ、パイロットの武装を解除したのち、彼を座席から引きずり出した。そして、しばらくパイロットと取っ組合いを演じたのちパイロットの持っていた航空図と書類を押収した。

そうこうするうちに村人のだれかが島にいた新谷石松と二世の原田吉雄という二人の日本人を通訳のために呼びにやり、次の便船が到着するまでパイロットのまわりに見張りをつけた。（略）パイロットはそのうちに真珠湾を攻撃したことを認めたが、新谷通訳を通じて（書類を押収していた）カレオハノ（というハワイ人）を買収し、書類を焼かせようとした。彼は書類が敵の手に渡らないように厳重に指示されていた」（ゴードン・W・プランゲ『トラトラトラ――太平洋戦争はこうして始まった』千早正隆訳、並木書房、一九九一）。

不時着した日本軍パイロットは海軍一等飛行兵曹・西開地重徳で、淵田の航空部隊でベロース飛行場を攻撃中に米軍の迎撃に遭い、被弾してニイハウ島に不時着したのだった。機は傷だらけで燃料も底をついており、胴体着陸の衝撃でパイロットは意識を失っていた。

そこへ集まってきたハワイの土着民が飛行機を調べ、中にあった武器や荷物を没収した。

そのとき奪われた暗号などの書類を取り戻そうとした西開地は通訳の原田を味方につけて、ハワイ人の家に火をつけたり、飛行機の中から機銃を取り出して住民を威嚇するなどの狼藉を働いたが、やがてハワイ人の逆襲に遭う。体の大きいハワイ人の元酋長カナヘレとその妻が、やせた西開地に飛びかかって攻撃したので、西開地は彼らに銃弾を浴びせたところ、怒ったカナヘレは西開地の首を摑んで岩に叩きつけて殺してしまった。それを見た通訳の原田はピストルで自殺したという（プランゲ、前掲書参照）。

この事件に関してプランゲは、三人の日系人が日本軍パイロット側の味方についた点に注目し、これが日系ハワイ住民への疑惑につながったと指摘、「日系人はたとえアメリカ市民だろうと信用できず、彼らにとって都合がいい状況であった場合は、日本から離れることはない」という（前掲書）。この事件は、その後の日系人への不信感と強制収容にも影響したといわれている。

「この『ニイハウの戦い』以降、カナヘレは自分の命をかえりみずに、素手で勇敢に戦ったハワイ（アメリカ）の英雄とまつりあげられた。一方、『ハラダの裏切り』が示したように、日系人はアメリカに忠誠をつくしているようでも、いざとなったらアメリカ（ハワイ）を裏切り、敵国日本の悪辣な陰謀を手助けするような、信頼のできない」といったレッテルが広がるなど、この事件は日系人にとっては決して好ましくない結果をもたらした（中島、前掲書）。

ニイハウ事件は一面では異質、異文化間における人間の価値観の断絶と精神文化の争いに見える部分が多々あった。西開地は奪われた書類の奪還にこだわるかと思えば、たえず自決をほのめかしていた。

実際、監視の目を緩めると自殺しかねない雰囲気を漂わせていた。これもハワイ人には不可解だった。戦陣訓を叩きこまれた日本軍人は「捕虜の屈辱を受ける前に自決する」という考えを持っており、西開地もそうした軍人の一人だったが、ハワイのネイティヴの人には日本人特有のこのメンタリティが理解できなかった。

ところが、日本へ行ったこともない日系二世の別荘管理人ハラダではあったが、西開地の心情が少し理解できる部分があった。だからこそ、ニイハウに住むハワイ人たちを敵に回した「ニイハウの戦い」が、西開地と日系人ハラダが同盟した「二人だけの戦争」になったのだ。この背景には「天皇と国のために命を捧げる」という戦時の日本人の洗脳された精神性が深くかかわっていた。

戦後にニイハウ島を訪れた淵田

このニイハウの物語を最初に報道したのはホノルルの英字新聞『ホノルル・スター・ブリティン』で事件直後から、米軍とロビンソン家の協力のもとで取材し、かなり詳細な記事を書いていた。上述のプランゲの記述や他のアメリカの著者の記述も『ホノルル・スター・ブリティン』の記事をもとに書かれていると思われる。

ところで、真珠湾攻撃隊長だった淵田美津雄は戦後、クリスチャンとなり、アメリカでキリスト教の伝道中に、カウアイ島を訪れたときに初めてニイハウの戦いのことを知ったと、自伝で書いている。

カウアイ島を訪ねた淵田の元へたどたどしい日本語の手紙が届いた。手紙には、「拝啓、フシ田大佐にケー礼、日本航空隊の働キハあざヤカでした。米国太平洋カン隊は一時全メツしました、ご苦労さまでした、大佐の部下で二三キをちました、ニハフ島に一キガスリン不足で不時着しました、兵曹一人ニハフ島に死んで居ります、ニハフ島にいってハカまいりして下サイ、他の人々は皆日本に無ゴンのがいせんしました、御まいりして、土でも日本の人々に持って行キ下サイ、どんなに日本の人もよろこぶと思へます、兵曹も何ほどカよろこぶと思へます、カならずニハウ島に行ってハカマいりして下サイ、之が部隊長の大セキニンと思へます、カナラずいって御まいり下サイ」と書いてあった（『真珠湾攻撃総隊長の回想』より原文のまま引用）。

ニイハウ島ときいて淵田には思い当たることがあった。真珠湾攻撃時の損傷飛行機の収容場所の情報を当時の軍令部情報で調べたことがあったからだ。すると「ニイハウ島の西海岸は平坦で、小型飛行機の不時着を許すし、その附近の海面は、沿岸近くまで深くて、潜水艦の潜伏には適している。更にまたニイハウ島は、牛の放牧場であって、管理人の日本人が三名ほどいるほか、土人労務者約二十名で、白人は一人もいない」というのが出てきた。

淵田はニイハウが損傷飛行機の収容所に適していると考え、源田実参謀と相談して、真珠湾急襲日に潜水艦一隻をニイハウ島西海岸に潜伏させて、不時着機を発見したら夜間に浮上して不時着機搭乗員を救出するように連合艦隊司令部に依頼していたことを思い出した。

カウアイ島で淵田はニイハウ島のオーナーのロビンソン家を訪ね、主人は快く応じてくれたので、ロビンソン家の船に乗ってニイハウ島へ渡って島の人たちから当時の話を聞いた。その話の骨格は先述したプランゲの話と類似しているが、淵田が聞いたハラダの妻のアイレン（日本名ウメノ）という日系女性の話は、プランゲの記述とは違っている。

ハワイ人たちと対決し、あげくの果てに自殺したハラダは西開地の通訳をするうちに、西開地に同情するようになり、自分が住んでいるロビンソン家の別荘に連れて行って食物や牛乳を与え睡眠を取らせるなどの世話をした。さらに不時着した零戦の前で二人は見張りをし、日本の潜水艦が来るのを待ったが、潜水艦は来なかった。やがて米軍警備隊がニイハウに来るという噂が流れた。

奪われた暗号書類の奪還を試みる西開地をハラダは加勢したが、ハワイ人たちの抵抗にあい奪還は不可能と判断した二人はハワイ人たちの住宅に火をつけて書類の焼却をはかった。ハワイ人たちの逆襲にあって西開地は殺され、ハラダはピストルで自殺したというのが、淵田が聞いたニイハウの事件の筋書きだった。

淵田は殺された西開地が埋められたという場所を捜したがみつからなかった。零戦が不時着したという地点に立って、救助の潜水艦を待つ彼の姿を想像して涙し、黙禱を捧げた。

カウワイ島に住んでいたハラダの妻アイレン（アイリーン）夫人は、日本兵をかばったという国家反逆罪で即座に逮捕され、ホノルルの刑務所に終戦までの三年間収監された。日本のスパイの扱いだったという。その間、三人の子供たちは孤児院に引き取られていた。

子供たちは戦後も日本のスパイの子と世間の冷たい目にさらされたという。淵田が会った戦後、夫人は洋裁学校の経営で生計を立てており、上の娘はハワイ大学の学生で、他の子供たちもハイスクールに通って成長していたと淵田は言っている。

自分が指導した戦争が一家に及ぼした惨禍を深く詫びる淵田に対して、アイレンは「わたしたちは米国生まれの米国市民ですから、米軍当局がわたしたちを反逆罪ときめつけるのは、少しも間違いではありません。しかしわたしたちの皮膚の下には、日本人としての血も流れています。従って私は夫のしたことも間違いだとは思っていません」と語った。そして彼女は「戦争はいやですね」と一言つけくわえた。淵田は夫人のこの言葉に「全く頭のさがる思いだった」と書いている（前掲書）。

アイリーン夫人の戦後

ところが、ノンフィクション作家の牛島秀彦がアイリーン夫人とのインタビューを重ねて描いたニイハウ事件はもっと救いがなく凄惨で暗い（『真珠湾の不時着機——二人だけの戦争』河出文庫、一九九七）。この運命のいたずらの最も理不尽な報いを受けたのはアイリーン夫人と三人の子供たちだった。

「あのジャパンのプレーンさえ来なけりゃ、そして、土人部落近くに不時着さえしなけりゃ、西開地さんも主人も死ななくってよかったし、私も三年間近くも、収容所に入ることはなかったんです……。マイハズベン……ハラダ　ハッダ　ア　グド　フューチャー……そう、あのライジング・サンのプレーンさえ空から降りて来なかったら、私たちファミリイは、ニイハウ島でかせいだマネーで、メインランドへ行ってレストランを開く寸前だった……。私たちは、とてもハッピイでした」というアイリーンの言葉を牛島が記録している（『真珠湾の不時着機』）。

取材を申し込んだ牛島に対して、アイリーンは当初、あの時の話はしたくない、とインタビューを拒否したが、粘り強く説得して、ようやくインタビューをものにしたのだった。

牛島は西開地を救助しようとしたハラダと妻アイリーンの行動の中にニイハウの戦争、つまり「二人だけの戦争」の本質をとらえている。真珠湾攻撃をやった日本人のメンタリティの異質性と奇妙な共感の様を、この小さな戦争の中に見ている。

「万一、飛行機が敵に発見され迎撃され不時着するときはニイハウ島に行け、その海岸で潜水艦の救出を待て」という淵田隊長の指示を忠実に実行し潜水艦が来るのをじっと待っている若い日本兵に同情したのが、ハラダと妻のアイリーンだった。

「ハラダばかりか、私までスパイにされちゃって、三年近くも監獄に閉じ込められるし、三人の子供たちは、〝反逆者の子〟ちゅう烙印を捺されてしもたんですよ。ほんとになんてことでしょうネ」とウメノ未亡人はいまなお腸《はらわた》を掻きむしられる思いである、と牛島はアイリーンの心境を記述している（牛島、前掲書）。

「ニイハウの戦い」の公式な記録はほとんど残されていない。ハワイの地元紙に基づく話の筋はほぼ同じだが、これを取材し記述した者によって視点も評価もまったく異なる物語が作られてきた。

ニイハウの戦いの生き証人だったアイリーンは、カウアイ島でひっそりと逝った。牛島はいう。

「『スパイの子』にされた三人の子供たちもハワイに住めず、皆アメリカ本土へてんでんばらばらになり、ウメノ未亡人は終生一人暮らしであった。若き日本人飛行士西開地重徳は、帝国海軍に裏切られ、無意味で悲しい犬死を遂げねばならなかった。『悲しい犬死』であったがために、私は彼の死を悼み、彼を死に至らしめた戦争と、それを起こした者たちへの限りない怒りを覚える。良い戦争は絶対にない。また悪い平和もないのだ。米日両政府は、受難のハラダ一家へ対し、名誉回復も経済的な賠償もなんら為していない」(牛島、前掲書)。

邦字新聞の社説を書いた米軍

日系人二世が母国の真珠湾奇襲という不名誉を挽回するために、アメリカ市民としての義務を果たし、祖国アメリカに貢献するために過酷な兵役についていたころ、こうした日系人たちの苦悩を逆なでするように、「ジャップはジャップである」と軍政のトップは公言してはばからなかった。先述したように、ハワイでは日本語で話すこともできないようになり、日本語の印刷物・邦字新聞の発行禁止、日本の書籍を売る本屋の閉鎖が相次いだ。

ちなみに戒厳令下ハワイの法的措置は、「敵性と認定された市民の逮捕」「すべての民放の停止」「アルコール飲料販売中止」「酒場の閉鎖」「灯火管制」「外出禁止令」など市民の日常生活にも大きな犠牲を押しつけるものだった。しかも日系人が多いハワイの戒厳令は終戦まで解除されなかった。

ハワイの代表的な邦字新聞『日布時事』（後の『布哇タイムス』）の記者だった田丸忠雄は真珠湾奇襲翌日の一二月八日、新聞社の編集室に出社した。いつも先に来てデスクの前に座っているはずの編集長と別室の社長の姿がなかった。前日の夜、当局の手入れがあり〝危険人物〟として幹部たちは移民局に収監されたという。

それから四日後に、ビルの正面入り口に武装した兵士が立っており新聞社は閉鎖された。田丸は失業し八年間の記者生活が終わり、わずかな銀行預金も凍結されてしまっていた（田丸忠雄『ハワイに報道の自由はなかった』毎日新聞社、一九七八）。

ホノルルを中心とするオアフ島には、『日布時事』『布哇報知』『布哇新報』の邦字紙があり、ハワイ島、マウイ島、カウアイ島にも二、三の邦字新聞があった。しかし一九四一年一二月一〇日の軍政長官の全般命令第一四号で日本語新聞は発行禁止になった。発行が許可された新聞はすべて英字紙で、オアフ島では『ホノルル・スター・ブリティン』、『ホノルル・アドバタイザー』の二紙のみ、ハワイ島全体では六紙の発行が許可されただけだった。明治の移民時代から営々と続いてきたハワイの邦字新聞の伝統は四一年一二月七日をもっていったん消滅した。

ところが半年ほどで、消えたはずの邦字新聞再刊の話が持ち上がってきた。軍政長官エモンスから全般命令一四号を修正して『日布時事』と『布哇報知』の発行停止を解くというのである。その狙いはハワイでは最多の日系人に軍政が出す住民への指令を徹底させることにあった。ハワイ人たちが密かに隠し持っていたラジオの短波放送で日本の大本営発表を受信することができた。その発表は大戦果に溢れており、ハワイの日系人たちはこの放送を信じており、アメリカは負けていると思っていた。

軍政長官は、これではまずいと判断して、活字で読む新聞の影響力の大きさに気付き、日系人によく読まれている二つの主要邦字新聞の再発行を許可したのであった。

しかし新聞社の幹部の多くが敵性として強制収容所に収容されたままなので、新聞社幹部を前幹部の夫人とか娘に委嘱していた。ハワイ邦字新聞の歴史が始まって以来の、思わぬ女性の社会進出だった。

ところで、日系一世の中には心の中で日本の勝利を願う人たちがたくさんいた。後述する「勝った組」の集団に属する一世が数千人はいたと見られている。真珠湾の目覚ましい日本軍の勝利の有様を目前で見たり聞いたりしていたことで、その後のミッドウェーの日本敗戦と劣勢を信じなくなっていた。逆に米軍が勝利したというニュースはアメリカの軍部が流したものだから信用できないと考えた日系人もたくさんいた。

新聞再刊の報に、田丸ら邦字新聞の記者たちは喜んだものの、これはじきに失望に変わった。再刊にあたって軍政当局から「検閲済みの英語ニュースを翻訳したもの以外は掲載してはならない」と厳重に指示されたからだ。編集紙面も見出しも見本の英字紙と同じレイアウトと見出しの邦訳を使うことが厳格に決められていた。また「日本軍」という言葉は全て「敵」と書き代えるように指示され、アメリカと連合軍に不利な戦況は書き方を変える必要があった。

極めつきは「社説」を米軍が書いたことだった。たとえば四二年二月一一日の建国祭（紀元節のこと）の社説は大いに物議をかもした。

「（建国祭の祝賀は）日本の天皇陛下及び日本の人々として価値の無いみすぼらしい処の〝光輝〟である。之は虐殺に依り、欺瞞に依り、条約違反に依り、及び宣戦布告前に平和な隣人に対して卑怯な攻撃に依り、原始的方法に依り、支那婦人に対して身持の悪い日本兵に依る野蛮な善行とに依り印されてゐる」。

「何事が南京で起つたかは日本の敵の宣伝ではなく、之は全く恥ずべき、苦々しい、下劣な事実――事実其物である」

「ヒットラー、ムッソリニ、東条及び彼等の無数な口頭機関《ママ》は、之を〝新秩序〟と呼び、日本は之に依り統治されてゐると云つてゐる。彼等は全世界へ同様な〝新秩序〟を押しつけ様としてゐる」（前掲書から、『日布時事』四一年二月一一日付社説を部分的に抜粋）。

社説中に「身持の悪い日本兵に依る野蛮な善行」とある部分は「身持の悪い日本兵に依る野蛮な暴行」をあえて「善行」に書き換えたものだという。こうした単語の書き換えは、米国の軍政に対する編集部のささやかな抵抗だった。書き換えることで、意味不明な文章を読者に発見してもらい、こんな反日的な社説を日系の記者が書くわけはないだろうということを言外で訴え、記事は米軍側の指示で書かされていることを伝えようとしていたのである。


この社説はアメリカ人なら抵抗なく読めるところだろうが、天皇を戴く神の国日本の勝利を信じ、日本の真珠湾攻撃は聖戦で、白人が有色人種を抑圧搾取するアメリカのような社会は間違っており、やがてハワイは日本の領土になって白人支配は終わると信じている読者にとっては、青天の霹靂となっただろう。真珠湾奇襲攻撃のあと、「日本が真珠湾奇襲で勝利を収めたことで、先に日露戦争でロシアに勝った日本は、アメリカで白人支配を終わらせる」と期待する声が、かつて白人クーデターでリリウオカラニ女王が倒された歴史をもつ地元ハワイから上がったというのである。恐らく日系一世のなかにもそうした考えに賛同する人がいたことだろう。

その期待に反して、記事中には東條をはじめとする日本軍部への非難があり、中国における日本軍の蛮行や慰安婦の記事があるのである。新聞の題字は昔と同じ『日布時事』となってはいるが、これまでの社説のトーンとあまりに違う書き方を見て、読者は何が起きているかを察しただろうと思われる。

一世の間に広がった「勝った組」運動

ハワイの邦字新聞の読者はいうまでもなく日本語が読める日系一世しかいなかった。日系二世の多くはカタコトの日本語は話せるにしても、文章は書けず、読むこともできなかった。だから邦字新聞の読者は日本で小学校教育を受けてハワイ移民になった一世に限られていた。

一世といえば、アメリカで生まれ育った二世のようにはアメリカ化しておらず、日本的な考えに馴染む明治の初年生まれの古い世代の人々だった。天皇を崇拝し、封建的な家父長制の家族制度を尊び、男尊女卑で、キリスト教への馴染みはまったくなく、神道や仏教や日本の新興宗教や日本的な慣習、文化風土を信じていた。

要するに日本の本土にいる軍国主義教育が行き届いた大人たちと大して変わりはなかった。貧しい日本から脱出して、ハワイまで出稼ぎに来ても、生きるスタイルや考え方は日本のままだった。しかも多くの一世は英語もできず、ハワイを仮の宿と考え、辛いサトウキビ畑の労働で金を貯めたら日本へ帰ろうと考えていた。テレビもない時代だったから、短波放送ラジオで日本語放送を聴き、邦字新聞や『週刊朝日』『サンデー毎日』『文藝春秋』『中央公論』『改造』『婦人公論』など日本から輸入された雑誌を読むのが、辛い仕事の合間の唯一の楽しみだった。

この楽しみを奪われ、日本語を話すな、日系人は敵性民族との烙印を押され、邦字新聞の発行禁止、日系社会のリーダーや宗教指導者、教員たちが一斉に逮捕されるという未曽有の事態が起こり、アメリカに忠誠を誓う子供たち二世世代との深刻な対立で家庭崩壊すら招いた。

会話、読み書きは日本語しかできない一世のために英語教室が開かれたりしたというが、彼らの精神的な鬱屈は頂点に達したのである。

一見、奇異にみえる「勝った組」の運動が一世の間で密かに流行するようになったのは、ハワイ日系人社会の特殊な構造がもたらした必然的な結果だったともいえる。先述したハワイの邦字新聞が発行禁止になった後、すぐに再刊した事情もこうした複雑な日系人社会の動向を反映している。軍政当局はハワイ人口の多数派を占める日系人の処遇に頭を悩ましていた。危険視して抑えつけるだけでは反発が内にこもり、さらに危険な存在になることを憂慮していた。不満のガス抜きの必要があったのだ。邦字新聞の再刊はそのためにも利用された。

「勝った組」とは、戦後も日本敗戦を認めず、日本は米国との戦争に勝った「戦勝国である」と考える日系人の、陰に隠れた運動をさしている。

一九四五年八月一四日、ホノルル市内は太平洋戦争勝利の大パレードに沸いていた。この中で「約三万五〇〇〇人の日本人一世の多くが、祖国日本の降伏というニュースに途方にくれ、家に閉じ込もり、祝福するどころか悲しみにうちひしがれていた。何も食べることも眠ることもできず、涙にくれるものも多かった」（島田法子『戦争と移民の社会史――ハワイ日系アメリカ人の太平洋戦争』現代史料出版、二〇〇四）。

彼らの多くは日本語しか話せず、邦字新聞や日本から送られてきた日本の雑誌を読み、短波放送で日本のラジオ放送を聴いていた人たちだ。日本の天皇を神だと信じ、「八紘一宇」の精神と大東亜戦争のスローガンを信じていた。日本敗戦のショックの大きさは日本国民と同等か、それ以上だったともいえる。「ハワイは日本に占領された」とか「大統領トルーマンが天皇に謝罪するため日本に向かっている」などのデマが流れたという。

こうしたデマの流布と相前後して「勝った組」の運動が日系社会のあちこちで始まり、これを『ホノルル・スター・ブリティン』などの新聞が報じるようになった。この運動に対する白人社会の懸念に対して、先述のハワイ大学の戦時研究調査をリードしたアンドリュー・リンドは同紙で彼らは「とりたてて反米的日本人というわけではない」と弁護し、祖国日本の敗戦の喪失感のなせることであり、〝溺れる者が藁をもつかむ〟たぐいのデマを過大評価すべきではないという趣旨の論評を新聞に掲げたりしたと、島田は同書の中で述べる。リンドはこの運動は早晩、消滅すると考えたようである。

しかし「勝った組」が行う集会にはますますたくさんの日系人が集まるようになり、運動が収束する気配は見えなかった。ハワイ日系移民の戦争体験を研究する島田法子はこう指摘する。

「同じアメリカの日本人移民でも、敵性外国人として強制立ち退きさせられて、強制収容所で敗戦を迎えた大陸の一世の場合には、敗戦という事実から目を逸らすことは、したくてもできない状況に置かれていた。確かに大陸の収容所でも日本が戦争に勝ったというデマが発生したが、その多くはハワイから伝えられたものであり、大陸では定着することなく消滅した。収容所から出た大陸の一世たちは、再定住のプロセスにおいて厳しい排日の世論との闘いに直面するのであって、日本が勝ったというような噂に耳を傾ける余裕はなかった」（島田、前掲書）。

ところが大陸の収容所に収容されていたハワイ日系人は違う反応をしたという。コロラド州の収容所では盛大な戦勝祝賀会が開かれたり、アリゾナ州のサンタフェ収容所ではもっと過激な運動が起こったりしたという。本土に収容されていたハワイの日系人の中には仏教や神道、日本の新興宗教のリーダーが多く含まれていたことも「勝った組」の信仰を容易にする環境があったのかもしれない。

しかし同じ一世でも、二世の子供世代がいて、第四四二部隊などに息子を送りだした家庭からは「勝った組」の信奉者はほとんど出なかったといわれる。

島田は「（本土に比べて）穏健な扱いを受けたことによって温存された戦前の日本人意識が、戦後の日本文化復興の一環として再び表面化した」と分析する（前掲書）。

ハワイ大学の戦時研究調査では、「勝った組」現象を抑圧された少数民族が集団の団結を維持するための「集団催眠」とする見方やアメリカインディアンなどの先住民のゴースト・ダンスなどと比較分析する文化人類学者もいるようだ。「勝った組」現象に対しては多様な分析と見解がアメリカでは出されている。

しかし島田は、ハワイという優しい文化風土の中で、スパイ視され収容所送りになった日系人は米本土に比べてごく少なく、はるかに「寛容な扱い」を受けた点に注目した。リンドがいうように「日本の降服に対して遣るせなき心の上に何等かの自己慰藉を求め」たという見方が妥当ではないだろうか。

そのうえ、ハワイではミッドウェー海戦の少し後くらいから日系人の平均的な生活は戦前と変わらない程度にまで復旧しており、一世たちの心には「皇国日本が戦争に負けるはずはない」という固い信念が出来上がっていたのである。さらに英語ができない一世は、情報源としてラジオの短波放送局「ラジオ東京」が流す軍部の「大本営発表」を聴き、大本営の嘘に騙されたまま日本勝利を信じていたという悲劇が重なる。

さらにハワイ大学戦時調査研究所のユキコ・キムラの研究によれば、米国の防衛地域からはずれていたコロラド州やユタ州では邦字新聞の発行が許されていたことを重視し、戦時における『コロラド・タイムス』『ロッキー時報』『ユタ日報』三紙の分析を行い、これらの邦字新聞がどれほど日系人に影響を与えたかを調査している。

この三紙は米国の新聞よりははるかに日本寄りのニュースを書いていたことは、当時の『コロラド・タイムス』小笠原編集長の証言からもわかる（島田、前掲書）。ハワイの邦字新聞が発行停止になり、再刊後は軍政当局が許可した記事しか書けなかったのに比べ、辛うじて言論の自由を確保していたコロラドやユタの邦字新聞をハワイの日系人一世たちは回し読みしていたといわれている。

結局、ハワイの「勝った組」の運動が解散声明を出したのは一九七七年（昭和五二年）一一月のことで、戦時中から連綿と続いた日本勝利の願望と夢はここで消滅したことになる。敗戦後三〇余年もの間、この運動は続いたということになる。折しも「勝った組」の運動消滅は、戦後日本の高度成長期と重なっている。その七年前には大阪万国博覧会が開催され、日本は一億総中流化の豊かな経済大国になり、アメリカの経済力を脅やかす存在になっていた。このころから日本資本の海外投資も盛んになり、ハワイには巨額のジャパン・マネーが流入し、八〇年代の日本ブームの前哨戦が始まっていた。

いずれにせよ、ハワイの「勝った組」は、本当の勝ち組となって、その役割を終えたと見ることもできるだろう。日本は戦勝国だった、という言説がワシントンやニューヨークの論壇から出てきて、「日本見直し論」が米国を風靡したことがあるが、これは米国側から提起され日本とは異なる視点の「歴史修正主義」の一つだった。これについては第七章で述べる。

また朝鮮半島出身のハワイ移民の問題も存在していた。戦時、朝鮮半島は日本に併合されて日本領土となっており、朝鮮人は日本人だったからハワイ在住の朝鮮系約七〇〇〇人住民は日系人として扱われた。戒厳令下のハワイでは敵性日系人と見られ、軍政当局からは日系人と同様の監視を受けていた。

彼らの多くは日本を侵略者であり敵と考え、朝鮮半島を日本から解放することを念願していたが、戦時のハワイでは敵の日本人扱いされ、その屈辱感が癒えることはなかった。人種の坩堝のハワイでは、日系人と一言でくくっても、そうした枠からはみ出す多様な立場や宗教観、歴史文化を持った日系人たちが暮らしており、日本の真珠湾攻撃で受けたダメージの形や戦後の生き方も一様ではなかった。日本列島の住人には理解できない「真珠湾奇襲」の後遺症が多様に存在し、それは現在でも続いている。

第三章

「宣戦布告」の遅れは作為だったのか

海軍省による日米開戦発表（1941年12月、毎日新聞社）

「アメリカの汚辱の日」

真珠湾奇襲に関して、戦後七〇年を経た現在でもいまだに釈然とせず、くすぶり続けている重大な疑惑がある。それはなぜ米国への開戦通告が遅延し、なぜ国際法に基づく宣戦布告をしていなかったのかという根本的な疑問である。

日本によって真珠湾が攻撃された翌一二月八日（ワシントン時間）、米国大統領ルーズベルトは議会演説で「卑劣な騙し討ち」と激しく日本を非難、「アメリカの汚辱の日」（a date which will live in infamy）と言った。日本が送った対米覚書最終通告には「戦争あるいは武力攻撃の脅威やヒントは何も示されていない」とし、「交渉しているように見せかけて奇襲攻撃をした卑劣な日本」と戦うためにアメリカ国民の団結を求めた演説だった。

しかし日本の真珠湾奇襲はルーズベルトが対ナチスの世界大戦へ参戦するための「裏口からの参戦計画」であり、日本はルーズベルトの罠にはまったとする陰謀説が、日本には根強く存在する。

日本だけでなくアメリカにも同様に陰謀説があり、これについては第四章で詳述するが、実はルーズベルト陰謀説の証拠は得られてはいない。

日本ではルーズベルト陰謀論は「宣戦布告なき奇襲攻撃」の免罪符のように使われてい

るが、当時、ヨーロッパではナチスドイツに対する第二次世界大戦が始まっていたので、日本の宣戦布告なき奇襲は、中立法のもとの他国不干渉主義で、ヨーロッパの戦争への参戦に消極的だった米国世論の怒りに火をつけたことは間違いない。

奇襲前、日本側がいう「対米宣戦布告文書」はワシントンの駐米日本大使館の野村吉三郎大使、来栖三郎特命大使が、米国務省まで出向き、国務長官コーデル・ハルに直接手渡したが、その手交時間は一二月七日（ワシントン時間）午後一時と通告してあったのが、一時間二〇分も遅れて、午後二時二〇分ごろになってしまった。

さらに悪いことに文書を渡した時は、すでに日本軍の真珠湾攻撃が始まっていた。ハルは渡された最終通告書という「対米覚書」の文章を読んで「私はこれほど欺瞞に満ちた公文書を見たことはない」と怒った。

当時、米国はマジックと称した日本の外交暗号を解読しており、日本は東南アジアかフィリピン周辺で何らかの軍事行動をするかもしれないと、米軍は二回にわたって戦争警戒警報を出していたが、それがハワイの真珠湾とは思っていなかった。しかも日本の陸軍部隊がマレー半島を奇襲上陸したのは真珠湾攻撃の二時間ほど前だったから、真珠湾は予想外だったのである。

国際法でいう宣戦布告とは、事前に相手国に対して戦争の通告義務があるという規定で、これを決めたハーグ条約に日本は調印していたが、真珠湾奇襲は国際法に違反して事後通告になってしまった。

ところが東京裁判でも問われた宣戦布告なき奇襲攻撃の国際法違反の弁明は、米国を騙す意図的なものではなかったこと、外務省が暗号電報によってワシントンの駐米大使館宛てに送った最終通告の「対米覚書」発電から、駐米大使館に電報が届いた後の暗号解読、日本語の英訳、タイプ打ち、清書といった作業の事務処理上のミスや遅れを強調する内容で、その遅延の責任は日本政府や外務省ではなく、出先の駐米大使館にあるとする釈明に終始し、戦後も一貫してこの主張が繰り返されてきた。

真珠湾といえば日米間に横たわるトラウマだが、これの詳細を日本の外務省は未だに説明していない。国民も真実を知らず、実は「通告遅延」の事実関係すら明らかでなく、駐米大使館の事務処理の不手際とミスという理由をつけるだけで、真実の歴史に直面しようとしていない。

神話化した大使館員怠慢説

真珠湾奇襲の通告遅れを考えた時、もっとも不思議に思うことは秘密漏洩を恐れてという理由で、なぜ暗号電報を一四通に分割し時間をかけて大使館へ送ったのかということである（一時間置きに送ったという説明はあるが）。大使館で暗号解読してタイプして、それを野村駐米大使が国務省まで持参するという面倒なことをせず、米国の駐日グルー大使に宣戦布告文書を真珠湾奇襲の一時間前か、三〇分前にでも東京で事前に直接手渡せばよかった。ラジオ放送で世界中に宣言する手もあった。

第一次イラク戦争の時は米軍がCNNを使ってフセインに直接宣戦布告して、攻撃日時を指定している。ハーグ条約には、宣戦布告とわかる文書を相手国まで必ず大使が届けよ、とは書いていない。「宣戦布告」とは、事前に宣戦布告とはっきりわかる通告を相手国にすることである。

その時日本政府は、秘密保護の観点から米国人のタイピストは使わないこと、二機あった暗号解読機を一機破壊するようにとの細かい指令を出していたが、なかなか到着しない最後の一四番目の電報（約一五時間遅れた）を待つ駐米大使館員の作業は思うようにはかどらず、訂正電報などで予想外の手間と時間がかかった。さらには、大使館員は今処理している文書が風雲急を告げる宣戦布告であるとは、露ほども知らされていなかったし、思ってもいなかった。

確かに、一四部に分かれて打電された「対米覚書」という名の文章内容にも、直接、宣戦布告を思わせる文言はなく、開戦の緊張感は感じられない。

駐米大使館の事務方のトップだった井口貞夫参事官は、遅延問題に関わる外務省調査によって、対米通告遅れの責任者とされたが、「対米通告が宣戦布告だとは思わなかった」という趣旨のメモを添えた文書を、日米開戦後の一九四二年に交換船で帰国した時、外務省に提出したという。この文書は対米覚書の伝達が遅れた理由などを東郷外相に報告したもので、野村大使と協議し、奥村勝蔵一等書記官にも確認して作成したものとされている（井口武夫『開戦神話――対米通告を遅らせたのは誰か』中公文庫、二〇一一）。

しかしこの文書は公開されてはおらず、所在不明になっていたので、文書の存在確認のために井口の子息である元駐ニュージーランド大使・井口武夫が「調査をしたが、文書はみつかっていない」という。この話は井口から直接聞いたが、要するに当時の大使館事務方の責任者が書いて公式に提出した文書が外務省内から失われているのである。井口自身は父親からこの文書の話は聞いており、当時通訳生として大使館に勤務していた煙石学《えんせきまなぶ》にも確認したところ、「井口参事官は対米覚書は宣戦布告だと思わなかった」と語っていたという。

大使館に対米覚書の最後の部分が届いたのは、週末一二月七日（日曜日）の早朝とされ、前夜には大使館員の転勤の送別会があり、真珠湾奇襲当日の日曜日には急死した大使館付武官の葬儀があった。ある若手は恋人とドライブに出かけていたり、外務省からの電報が郵便箱に山積みになって放置してあったなどの証言が続々と出され、現地大使館員怠慢説がまるで事実であるかのように神話化し独り歩きしていった。

さらに戦後、大使館内部が派閥化しており、野村大使に対する館員の不協力が事務遂行上の遅延の原因になったという文書まで出されるなど、遅延説は混迷を極めるようになった。しかしこれに関しては、戦後、野村大使自身が当時の外相・吉田茂に風聞に惑わされないように注意喚起の書面を出していたとされる。後述するように、大使館員の怠慢遅延説が東京裁判前に強調されたといわれ、連合国による東京裁判でA級戦犯に指定された東郷外相や外務省の戦争責任追及を防ぐために用意された形跡がある。

「通告時の怠慢は、万死に値する」

このような駐米大使館員の「不手際と怠慢」というストーリーを広めた根拠の一つには、戦犯として巣鴨プリズンに収容されていた外務大臣・東郷茂徳が獄中で書いたメモ『時代の一面』の中の「通告手交遅延の事情」という記述が影響している。「七日午前、海軍武官が大使館事務所を来訪して多数の電報が配達せられて居るのを発見して、注意を加えて始《ママ》めて処理にかかったと云ふ程規律のない状態に置いたのか不可解のことであった」と書いている（『時代の一面』原書房、一九六七）。

さらに、覚書をワシントン時間の午後一時にハル国務長官に指定時間どおりに渡していれば、真珠湾奇襲前に相手に日本の真意を伝えることは可能だった。したがって、あの「対米覚書」は「宣戦布告文書」の要件を備えていたともいい、「通告の時間が遅れたために、米国には格好の宣伝材料を与えてしまった」と東郷は嘆いているのだ。

要するに到着分の電報を翌日送りにし、直ちに浄書しタイプしなかったことは、大使館員の「怠慢と過失」であり、「通告時の怠慢は国家に非情な損失、万死に値す」とまで言っている。

先述したように、東郷は対米最後通告文を宣戦布告とみなしており、法律的な見地からみれば充分で、「国際法違反ではない」と考えており、「米国側が先に日本に手を出させようと挑発した」ことが、日米戦争の真因だとしている（前掲書）。

戦後においては東郷がいうように、駐米大使館の怠慢説が日本の奇襲攻撃非難につながり、「卑劣な国」の汚名を世界に喧伝され、反日の悪宣伝の材料にされてきた。しかもこの考え方が真珠湾奇襲に関わる日本国民の共通認識（公共の歴史的事実）になったと考えられる。

しかし戦後七〇年のこれまで、なぜ宣戦布告は事後通告になったかをめぐり、一部の歴史研究者の間では事実の発見に基づく地道な研究成果を積み上げげた論争が起こっていた。

たとえば、事後通告の隠された意図として、宣戦布告文書を装いながら、敵を欺く確信犯的な陸海軍統帥部と日本の外務省の工作が介在したのではないか。この点は東京裁判の証人喚問でもしつこく国際検事局から追及されていた。

しかし陸海軍統帥部と外務省による工作説に対して供述や証拠、証言が出されることはなく、証人で出廷した外務省幹部も曖昧な供述を繰り返したので、東京裁判では特に通告遅れの責任だけが問われることはなかった。したがって通告遅れは駐米大使館の館員の文書作成の作業上の遅れと怠慢に起因するというストーリーがあらためて戦後に組み立てられ、責任論が矮小化され、これがマスコミで報道され、やがて巷間で通説化していったのである。

通説とは大衆が信じやすい話だから、大小の嘘が混じる。嘘が混じった作り話は「共同体の神話」として登場する。戦争遂行にはえてしてこうした神話が用意されがちなものである。たとえばイラク戦争では「イラクの大量破壊兵器の存在」が開戦理由になったが、戦争が終わってみたら大量破壊兵器はどこにもなかったことが明らかになった。

本書のテーマである「歴史修正主義」も歴史の神話化と偽造に大いに関わりがある。歴史修正主義とは歴史という巨大なジグソーパズルの未解明な穴の部分の弱点をめがけて、その空白に偽物の絵柄をはめ込んでゆくうちに、歴史全体が事実とは異なる別な絵柄を作るように仕向けることである。

なぜ「大至急マーク」がなかったか

戦後五〇年にあたる一九九四年秋、日本の外務省は「対米宣戦布告」に相当する「対米覚書」と「通告遅延問題の記録」文書を初めて公開した。

この一連の文書公開の前に、戦時内閣の外務大臣だった東郷茂徳の孫にあたるジャーナリストの東郷茂彦が、「東郷家文書が語る一二月八日」という記事を『文藝春秋』(一九九一年一二月号)に発表していた。

この記事を読んだ私は、東郷家文書に関連する文書の原文かコピーが外務省にもあるはずだと考えて公開を求めたところ、当初は文書の存在を否定していた外務省が急に存在を認めて公表するという流れになった。

この文書の中身は、一九四一年一二月八日、日本軍機動部隊が真珠湾奇襲の時、東郷外相が率いる外務省が宣戦布告文書のつもりで米国に発出したとする一二月六日付『「対米覚書」発電について』(第九〇一号)と別電の「対米覚書」(第九〇二号)のコピーで、東郷外相からの電報の宛て先は野村駐米大使である。

第九〇二号の「対米覚書」は一三部までが早く送られ、最後の一四本目が大幅に遅延したが、これは先にもふれたように、一五時間以上も遅れて駐米大使館へ届いた。この一四本目の暗号電報の外務省発出↓米国電報局着電↓大使館配達↓大使館の解読、タイプ清書等事務作業↓野村大使↓ハル国務長官への手交に至るプロセスの究明が、この通告遅れの問題究明のカギになっている。

一二月七日午後一時（ワシントン時間）に米側へ手交する予定が一時間二〇分ほど遅れ、ハルの手許に渡した時はすでに真珠湾攻撃が始まっていた。これが「宣戦布告なき卑怯な騙し討ち」とルーズベルトが非難した太平洋戦争開戦の発端でもあった。

公開された「対日覚書」コピーには、「原文書には一四本目の発電終了時刻は七日午後四時である旨記載されている」という編注が付いている。そうだとすると、ワシントンの駐米大使館には配達時間を入れても、電報は七日早朝には届いていたはずである。それがなぜ七日午後一時の手交に間に合わなかったのだろうか。

このほか、『「対米覚書」の機密保持方訓令』（第九〇四号）、『（大至急、館長符号）米国大統領よりの親電に関し照会』（第九〇五号）、『（大至急、館長符号）「対米覚書手交方訓令」』（第九〇七号）、『（大至急館長符号）「両大使以下館員に対する慰労伝達」』（第九〇八号）、『（緊急館長符号）「対米覚書」の一部修正方訓令』（第九一一号）の電報のコピーなどが公開されたが、冒頭に付された「大至急」や「至急」などの符号が後で文書を解析する場合に、重要な意味を持ってくる。細かい指令電報には「大至急」符号があるのに、肝心な「九〇二号」一四通目には、なぜ大至急マークはついていないか。宣戦布告文書に相当するものになぜ「大至急マーク」がないのか、これは本当に原文のコピーなのかと疑念を持たざるを得ないのだ。

これらの電報コピーだけでなく、「日米開戦直前ノ経過ト若干ノ考察」という文書コピーが付いていたが、これには昭和二〇年一〇月作成（日付はなし）の記述があるから、戦後に作られたものだ。ほかに「日米交渉打切リノ通告ニ関スル件」という文書もあったが、これにはなぜか作成年月日が書かれていない。

前者の文書には一二月一日の御前会議の開戦決定時に、海軍は「優勢な米国海軍に対して劣勢の我海軍が戦うには、奇襲の成功によってまず米国海軍力を弱体化する必要がある。開戦に至るまで対米交渉を継続せよ」と主張したのに対し、東郷が「事前通告の必要性を強調した」という記述がある。

また通告文が国際法の形式に準じていない可能性についても縷々《るる》見解を述べた部分がある。東郷が国際法を守ることを強調した文章である。

外務省で戦後に作られた文書や本人が書いた回想録は、東京裁判の経過を意識して書かれたものが多く、言い逃れや虚偽も混入しているので、歴史事実の信憑性が高いとはいえない。東京裁判で宣戦布告問題の責任を問われた東郷は「事前通告に関する参謀本部との協議であの表現が限界だった」旨弁明している。

トカゲの尻尾切りという悪しき慣例

ところで、東郷の名で出された「対米覚書」は宣戦布告の要件を満たしていると主張していた問題の第一四番目にはこう書いてある。

「合衆国政府ノ意図ハ英帝国其ノ他ト苟合《こうごう》策動シテ東亜ニ於ケル帝国ノ新秩序建設ニ依ル平和確立ノ努力ヲ妨碍セントスルノミナラス日支両国ヲ相闘ハシメ以テ英米ノ利益ヲ擁護セントスルモノナルコトハ今次交渉ヲ通ジ明瞭ト為リタル所ナリ（略）帝国政府ハ茲《ここ》ニ合衆国政府ノ態度ニ鑑ミ今後交渉ヲ継続スルモ妥結ニ達スルヲ得スト認ムルノ外ナキ旨ヲ合衆国政府ニ通告スルヲ遺憾トスルモノナリ」

この文章を読んでみて、「交渉を継続しても妥結する可能性はない」という「交渉継続打ち切り」の意思は米側に伝わるものの、「こうなったら戦争をやる」という緊張感と決意は盛り込まれてはいない。「日米交渉がうまくいっていないのは遺憾である」旨を論文調で述べるこの文書が、真珠湾奇襲の宣戦布告通告だとは、正直、私も思わなかった。開戦を匂わす他の表現はないかどうか、文書全体を懸命に探してみたが見つからなかった。

英文のほうも読んでみたが、同じ感想を持った。

駐米大使館で暗号解読・英訳し、タイプを打つ作業をした駐米大使館員や事務方トップの井口参事官が「宣戦布告文書とは思わなかった」と考えたのも無理はない。

ルーズベルトからすでに「真珠湾が攻撃されている」という電話を受けていた国務長官ハルが、対米通告文書を携えて一時間以上も遅れてやってきた二人の駐米大使、野村吉三郎、来栖三郎らに対して怒りをぶちまけたのは理解できる。ハルは「過去九カ月常に真実を語って居た。斯くの如く偽りと歪曲に満ちた公文書を見たことはない」と言った（野村吉三郎『米国に使して——日米交渉の30年』）。

野村はハルの手を握って別れを告げた。来栖はこの時の気まずい雰囲気について、戦後に書いた著書『泡沫の三十五年——日米外交秘史』でふれている。

「対米覚書」だけでなく、通告遅れの理由を戦後、外務省が内部調査した記録『「対米覚書」伝達遅延事情に関する記録』（タイプ版）も一緒に公開されたが、これについては先述の東郷茂彦の『文藝春秋』の記事が部分的に紹介したものと同じだ。当時の駐米大使館で事務作業を行っていた一等書記官から電信官、通訳生などへの当時の記憶に基づく聞き取りや自筆の記録を含む九本の記録がある。

先に述べたように、文書作成時期は四五年一〇月三〇日付から四七年三月一八日付となっているが、戦後のこの時期は東京裁判（極東国際軍事裁判）とほぼ重なっており、外務省関連ではA級戦犯で起訴された外相・東郷茂徳、松岡洋右らがいたので、これを意識して作成された弁明書とする見方が有力である。

文書の中には、東京裁判で東郷の弁護を務めた外交官・西春彦の「遅延問題の有耶無耶化が東京裁判の進行に伴いさらに深刻化すると思われるので外務省からの証人の出廷」を要請する文書も入っていた。

しかしいくら出先の大使館に責任を負わせたくても、開戦の本意を知らされていない大使館員が、「対米覚書」の一三本までを読んで緊急性の高い宣戦布告文書だと判断するのは無理なことだとわかる。仮に一四本目がもっと早く到着していたとしても、結果は同じだったのではないか。

外務省の記者クラブでこれらの公開された文書を通読したとき、「これが二〇世紀最大の事件の一つといわれた真珠湾奇襲の顛末なのか」と思うと、私は失望のあまり言葉もなかった。

すでに知っていたことが公表されただけで新しい知見は含まれておらず、筆者は記者会見で何か質問したと思うが、何を聞いたかも覚えていない。この時、外務省はもっとも重要な問題を隠していると思ったことだけは確かだ。「日米間に横たわる歴史のトラウマ」

がこれで解消するはずはない。以下は当時、筆者が感じたことのメモである。

「予想はしていたものの、戦後半世紀を経て公開された真珠湾奇襲の顚末の外務省内部調査文書は、おどろくほど貧弱なものだった。一読して、これが第二次世界大戦で世界を震撼させたパールハーバー奇襲の顚末なのか、と思うと、その内容のあまりの平凡さに驚きの念を禁じえなかった。

要するに、当時の外務省総務課長の意見書に代表された宣戦布告文書の遅延の理由は、外務大臣や外務省幹部の責任ではないということだった。駐米大使館員の翻訳能力や英文タイプの事務処理能力が低く、大使館員の異動の送別会などの雑務のために大使館には人手がなかったという主張である。

外務省は最後の十四通の文書を指定された予定通りに送り、大使館で通常の実務処理が行われていれば、ワシントン時間午後一時という指定時間内に、米国国務省のハル長官のもとへ文書を手渡すことができたはずだ。

従って、公開された外務省文書は、通告遅延とその責任は野村吉三郎・来栖三郎の両大使を除く大使館員にある、と結論づけている。文書の処理が遅れたのは、大使館員の語学力やタイプなどの事務処理能力が欠如していたためで、トップの野村、来栖の両大使に責任はない、というところがこの調査書のミソである」（拙著『日本はなぜ世界で認められないのか――「国際感覚」のズレを読み解く』平凡社新書、二〇一二)。

外務省に限らず、日本の官僚組織の特質でもあるが、何か重大な事件が起こった時、その責任を取るのは下の人間で、上層部は責任を逃れて生き残る、トカゲの尻尾切りという悪しき慣例がある。

郵便箱の電報の山の怪

対米通告遅れの言い訳にされた「駐米大使館怠慢説」を補強する説明として、一二月七日真珠湾奇襲当日のワシントンの駐米大使館の早朝の郵便箱に電報の山が折り重なるようにして溜まっており、この電報の山は外務省から送られてきた「対米覚書」の電報だったという話がある。

電報の山を発見したのは午前九時ごろに出勤した駐米大使館付海軍武官・実松譲だった。実松は電報の束を取り入れ「大使館と陸海軍宛てのものを仕分けした」と、戦後になって話したことが大使館員怠慢説の根拠になったが、これは実松の事実誤認だった。井口武夫によれば、「本省からの公電は電信会社が直接配達し大使館員の受領サインが得られない電報本文は持ち帰るならわしだった」という。当日の電報は「当直の文書担当官が受け取っていた」と電信課員吉田寿一が証言し、浄書読み合わせを担当した書記官藤山楢一も、何か別の郵便を実松が見間違えた、と証言しているという（井口『開戦神話』）。

実はこの溜まっていた電報の正体は開戦日前の一二月四日に死亡した大使館付武官陸軍主計大尉・新庄健吉への知人、関係者からの弔電で、新庄の葬儀は一二月七日、すなわち日本が真珠湾を奇襲した当日に予定されていた。この件に関しては、新庄家が保管していた「新庄健吉関係文書」の中にあった弔電を発見した長崎純心大学教授・塩崎弘明が、「真珠湾奇襲攻撃と新庄陸軍大佐の葬儀」という論文にまとめている（長崎純心大学大学院人間文化研究科『人間文化シリーズ』第五号）。塩崎がコピーした電報を見ればまぎれもない弔電が三〇通ほど確認できる。

実松が吹聴していたことは間違いだったのだが、なぜこの間違いが訂正されずに世の中に出回ったのか。さらにもうひとつの誤認のなかに、新庄の葬儀に野村、来栖両大使が列席しており、このために「対米覚書」の通告遅延につながったという説がある。塩崎は葬儀の列席者名簿を調べたところ、両大使の葬儀出席の事実は確認されなかったという。

新庄は諜報を専門としていた担当官で米軍関係者からの花輪が贈られているが、葬儀が日本の真珠湾奇襲当日のことだから皮肉な話である。東條英機、杉山元、野村、来栖両大使の花輪は贈られているが、それらの花輪の贈り主に混じって米軍幹部のマーシャル陸軍参謀長を名乗る名刺も出てきたという。

マーシャルは一二月七日の日曜日の朝、郊外まで出かける乗馬を楽しんだといわれ、前夜は自宅で夕食をとっており、「刻一刻とアメリカに迫る戦争の危機」を感知していたのかどうかわからない。

なおマジック解読などの対日情報戦を担っていたという陸軍幕僚部情報部（G－2）部長のマイルズ将軍も新庄に花輪を贈ったメンバーとして名刺が残っていた。対米情報活動をしていた大使館付武官の新庄に関してどれほどの情報を摑んでいたのか、興味深いところではある。

塩崎の論文における、新庄主計大尉の葬儀の列席者調査や花輪贈呈者の名刺の身元確認の仕事は、実松の見間違いを発《あば》いただけでなく、国際情報戦争における深い闇を垣間見させるものではある。実松は戦犯容疑で巣鴨に拘留されていたが、釈放された戦後も自分の見間違いを正すことはなく、外務省も実松の指摘は間違いだったことを訂正はしていない。塩崎の実直な研究調査がなければ、この事実は日の目を見なかったのである。

証言における時間の食い違い

さて、「通告遅延責任問題」がなぜ「歴史修正主義」へとつながるのか、このときの公開文書の解析をさらに進める必要があるだろう。

暗号解読作業をしていた堀内正名電信官の自筆の記録は、

「電信課には最後まで宿泊者はいなかった。館内には宿泊者が居る余地がなかった。一一月中旬ごろに新任の二名が増員され大使館内に宿泊できるように井口参事官にお願いにいったが、部屋がないということで実現しなかった。対米通告の電報に関しては緊急性の警告を誰からも受けなかった。一三本目迄を処理したときは、これが緊急電報でもなかったし、内容からして最後的緊急かつ重大なものとは認識せず緊迫は感じなかった。このあと（六日夜）、館員全部が支那料理店で寺崎（英成）書記官の南米転勤送別会をやっていたような次第で、他の館員もこの電報が最後の重大電報とは認めていなかったように思う。緊迫の場合は前もって通知に基づく警戒警報が来ることが頭にあった」

「解読電信はコピーを四通とって一通は野村大使に、一通は若杉公使に、一通は書記官室に提出していた。一三本目を片づけたあと午後八時前後と思うが支那料理店の送別会に出かけたが、それが終わると全員、大使館に帰り一四本目の電報を待った。なかなか来ないので、明日になるかもしれないと話し合い、七日午前五時半ごろに帰宅した。七日朝、登庁すると奥村書記官がタイプを打っていた。七日の朝、届いた一四本目電報の暗号解読に着手したのは一〇時ごろだったが正午くらいに作業は終わっていたので、指定の午後一時には間にあうだろうと思って安堵していた」（以上、趣旨）。

電信課の堀内による手記には「七日午前五時半ごろまで大使館にいて一四本目を待ったが、届かなかったので、作業は翌朝回しでよいと考えて帰宅した」とある。手交時間の訓令や館員への慰労などの簡単な電報には「大至急マーク」があるが、翌日届いたこの重大な第九〇二号の一四本目に「大至急」指定が抜けているところは、いかにも不自然である。

大至急マークがある電報は、電報局が受信しだい時間外でもすぐに配達するが、大至急マークがないと翌朝回しになるのが現地電報局の通例だった。

ところが第九〇七号「七日午後一時ヲ期シ米側ニ（成ル可ク国務長官ニ）直接御手交アリ度シ」という訓令は「大至急」指定されているが、これは送信過程でランク落ちし「至急優先」に変更され、配達が翌朝回しにされていたことを先述の元ニュージーランド大使で元東海大学教授・井口武夫が突き止めている。

戦後七〇年間、おおむね信じられてきた「通告遅延の通説」を覆す細部の資料収集と遅延問題の井口の論考に関しては後述するが、ほかにも訂正電報と推定できる第九〇三号、同九〇六号の原本が紛失している。

ところで、戦後昭和二〇年から二二年にかけて行われた外務省における一連の調査（岡崎調査委員会）を総括した当時の総務課長である大野勝巳は、以下のように大使館の通告遅延責任を積極的に述べている。

「1. 一二月七日直前の日米関係は一触即発の危機にあり何時武力衝突が起こるやも測りがたいという緊迫感が、一般の在米大使館員の間には存在していなかった。

2. 大使官首脳部は大使館員全体で一名宛交替で宿直する制度を設けたが、電信課員の非常執務の体制は整備されていなかった（欄外に、「電信係長は誰か」）。

3、問題の電報は一四本に区切って東京から発信されたが、最後の一節に当たる第一四本目の電報を除く一三本の電報は一二月六日深夜に全部解読を終了し、首席書記官の任に当たった館員の手許に提出されていた。浄書は引き続き行われず翌朝に繰り越され、七日午前九時頃から首席書記官の任に当たっていた館員によって着手された（欄外に、「首席書記官は誰か」）。

4. 一二月七日午前七時半から八時過ぎまでには全部の電報が配達されたが、実際に電信課員が登庁して解読に取りかかったのは午前一〇時頃であった。

5. 緊急電報と字句の訂正の電報と共に首席書記官に提出し、之に次いで普通電報を解読したのが第一四本目のものであって、之は正午頃迄には解読を終了した。

以上の諸点に鑑みて左の判断が下される。

1. 大使館首脳部が電信非常時執務態勢を整備せしめて置かなかったことは、国家非常の時に際しての在外公館の事務遂行上不行き届きであったという非難を免れない。
(欄外に、「野村大使、若杉公使、井口参事官」)
2.(業務が円滑に進行していたら)翌朝は訂正電を挿入するのと一四本目の解読文を付加するのみで仕事は完成していたと思われるが、この点は電信課を統括し清書の任に当たった首席書記官の職務懈怠、注意不十分たるの責めを免れない」(以上は趣旨の要約)。
これに対しては、結城司郎次参事官(駐米大使館では当時、一等書記官)のつぎのような証言もある。結城はタイプ完了の時間は午後一時五〇分だったとしている。この段階で一時に米側に文書を渡すという取り決めは実行不可能になっていた。要するに一四番目の電報は指定時間より一五時間以上も遅れて届いたことになる。

「指定の時間の午後一時に間にあうようにという外務省からの関係電報を接受した。覚書は一四通に分割電報され、うち一三通は一二月六日夜半までに解読したが、同夜中にはタイプされなかった。手交時間を指定する訓令、第一四通目、二、三の訂正関連数通の電報が一二月七日朝七時から八時の間に配達された。電信課員は前夜、徹夜勤務したので、九時半から一〇時頃までにようやく全部集まり解読に着手した。(緊急指定がなかった)第一四通目は午後一二時半前後に解読された。指定時間の切迫と共に、緊張してタイプのスピードが鈍り、誤字も多くなり、訂正電報のために清書したものをまた打ち直すという作業で予想外の時間を費やし、タイプが完了したのは午後一時五〇分であった」（趣旨要約）。

この結城証言と先述の電信課員堀内の証言は、時間的にかなりの食い違いがある。さらに結城はワシントンの駐米大使館の責任問題を次のように記している。

「開戦後又特に終戦以来、外務省内で大臣の命により本件の真相究明と必要に応じ責任者の処分目的で長期間にわたる査問を続けてきたが、四囲の情勢上やむを得なかった事情もある。当時の大使館は上下を通じ最後まで交渉妥結の希望に支配されていた。一二月七日の覚書をもって即時対米開戦となることを予想できない心理状態にあったことが、事務処理遅滞の重大な基調だったことは否定できない。東京政府も攻撃開始三〇分の直前にかかる重大な結果を伴う通告をさせるような際どい芸当を企図する以上、手続き上の訓令は今少し親切にすること然るべきだったのではないか。一四本目の到着を待たずとも受け取った電報は直ちに清書しておくよう注意をしておくべしとか。しかし、当時の日本の実情としては防諜上からも困難だったと思われる……」。

「要するに、関係者の怠慢とか官紀の弛緩によるのではないことは、この一〇ヵ月にわたる関係者の日米交渉の献身的努力を見れば明らかである。過去数年の間、処分せずに放置した問題を世間が問題にしたために今更慌てて渋々処分したという印象を与えることは、賢明の策とは考えられない。万一、処分をするならば大使館首脳部全部を処分することが相当だろう。直接の事務担当官（井口参事官、奥村書記官、堀内電信官）の責任のみではなく、平和維持への熱意に影響せられたる大使館首脳部の事態の認識欠如に原因するところ大である」（以上、要旨）。

結城がいう「防諜上困難」という言葉は「秘密漏洩を警戒したため」という供述として、東京裁判でもしきりに使われた。結城は本省から出張援助中の身であったというが、「もし処分するなら自分も処分するように」と言っている。

この結城の証言はある程度、遅延問題の真実を語っているように思うが、より詳細な大使館の経緯を記録したものが責任者とされた奥村勝蔵書記官の「対米最終回答文発出前後ノ事情ニ関スル記憶」（昭和二〇年一〇月三〇日執筆）である。結城の証言と共に記憶違いを除けば、信頼性は高いと思われる。

「日米交渉が始まって以来、電信課の宿直制度は整っていた。電信課員のほか書記官、官補を加え交代制で宿泊していた。本省から電信暗号機は一台だけ残して他は破壊せよとの訓令が来たが、当時、暗号機は二台使用中で、今後の日米交渉の発展によっては一台では間に合わなくなると考えて、一台破壊は見合わせるように注意した」（しかし本省命令通り、一台は破壊された）。

「本省から訓令が来て、別電で対米回答を送る。別電は一四通に分割し最後の　通は『翌早晩』に及ぶこと、提出の時期は別に訓令すること、タイピストは使わないこと等の指示があった。夜半までに一三通が揃った。部分的に電信が崩れて判読しにくい場所もあった。最後の一通を待ったが七日午前三時ごろになったので、電信課員にいったん自宅に帰って翌朝はまた早く来るように指示し、私自身は大使官邸の一室で就寝した。もちろん電信課員の当直はいた」。

「翌朝九時ごろから、前夜、到着していた対米回答の電信をタイプした。出来あがったのが午前一一時ごろで、そのころ対米回答文は午後一時に提出すべしとの訓令があった。困ったことに、別電の最後の一四通目はまだ到着していなかった。野村大使の秘書役をしていた煙石通訳生が野村の指示で国務長官ハルの私宅に電話して午後一時面会の約束を取った。当初、ハルは食事の約束があるから次官が応対するといっていたが、後にハル自身が食事の約束を断って、国務省で野村大使と会うという電話があった。この間、私は煙石と手分けしてタイプした原稿の清書にかかった。

その一方、電信課に対して一四通目はマダカマダカと矢の催促をした。電信課では前夜、暗号機を一台破壊していたので、動いていたのは一台だけだった。二、三の訂正電報が来て、清書したタイプを打ち直す必要が出てきた。約束の時間に間に合わないと判断したので、もう一度ハルに電話したら、『準備が出来次第いつでもいい』という返事だった」。

東郷外相の責任を軽減するための配慮

米国側はマジックと称して日本の外交暗号を解読していたから、日本側がせわしく暗号電報でやりとりしていることを米側は知っていたはずだが、ハルが当初の別の約束を変更して野村大使との面会を優先したのは、マジック解読により日本の意図を察したからではないか。

「やっと一四通目が来た。野村、来栖の両大使は官邸の玄関口で足踏みしながら待っていた。やっと全文を打ち終えて大使に渡し、書記官室に戻ってホッとしてその日の新聞を見ると、『日本の大護送船団が仏印沖を西に航行しており、タイかマレーに上陸するか』というニュースがあった。そのとき、ラジオが特報を伝えた。『ホワイトハウス発表、日本軍用機はパールハーバーを攻撃せり』。私は飛び上がった」（以上、奥村の陳述からの要約）。

奥村は末尾にこんな追記を書いている。

「本省は同じ回答文の電報を二つの電信会社を通じて送ったという。これは日露戦争開戦時の先例もあるが、私はこの事実は全然知らなかった。このことは対米回答発出に関する最初の訓令の中にも、言及していなかった。もしこれが事実とすれば、電信の解読を渋滞させたであろうと推測されるのである」（要約）。

電報が別の回線を使って送られたという資料はあるが、外交電報を傍受していた米軍側には二種の電報傍受の記録はないといわれる。また、後述する三輪宗弘（九州大学教授）も「米軍の外交電報傍受記録からは確認できない」としている。

結城、奥村ら大使館の中堅幹部の証言を読むと、彼らも釈然としない思いを心に抱いていることがわかる。即ち、本省に自分たちは騙されたのではないかという思いである。

遅延問題関連文書の中に、東郷外相時代の外務次官・西春彦の「岡崎勝男外務次官へ宛てた書簡」がある。これは進行中の東京裁判で「対米覚書手交遅延問題」が取り上げられており、進行とともにさらに深刻化すると予想されるので、外務省関係者の裁判への証人出廷を促す書簡である。東京裁判で東郷の責任を軽減するための西の配慮がうかがえる。

ところで、前述のジャーナリスト東郷茂彦が巣鴨に囚われた祖父東郷茂徳の無念の思いを込めた未公開メモを紹介している。「カカル不当ノ措置ヲ為セルハ事務当局ニ於イテ宜シク責ニ任シ他方其間ノ事情ヲ闡明《せんめい》スベキナルニ拘ラズ斯ル態度ニ出ズルモノ尠キハ人格問題ヲモ発生スベシ」。東郷は遅延問題に対する外務省の態度に不満を表明しているが、戦後の外務省としてはこの問題からできるだけ逃げたいと思っていたのかもしれない。

いずれにせよ、東京裁判では真珠湾奇襲が間違いなく重要な争点になったのである。終戦直後の外務省は外交権を奪われて省の存立が問われた時期だから、西春彦がいうように、外務省から東郷外相弁護のために証人として東京裁判に出廷する必要があった。

東京裁判対策のための問答マニュアル

東京裁判に出廷した外務省アメリカ局長・山本熊一の次のような証言の速記録がある。

タグナー検察官 あなたは通牒を渡した時間が三〇分遅れたこと、すなわち一二月七日の一二時三〇分から一時まで三〇分遅らせたということが、外務省及び統帥部をして、真珠湾攻撃の時間を合わそうとする目的をもってなされたことを、あなたは否定しますか。

山本証人 かくのごとき目的をもってなされたということは、私はこれを否定します。

（中略）

タグナー検察官 あなたがこの通牒の発送を指令するにあたりまして、第一四項をしばらく留保しておいて、初めの第一三項を送った後、しばらく時間が経ってから発送するように指令したのは事実ですか。

山本証人 事実であります。

タグナー検察官 なぜあなたはその第一四部をしばらく留保することを指令しましたか。

山本証人 重要な電報でありまして、機密保持については、上司から十分周到な注意を払えと訓令を受けておりました。そういう見地からこれを適当に分けて打たせました。
タグナー検察官　それではあなたは第一四項だけを特に留保することによって、文書の機密保持をしていたと主張するのですか。
山本証人　かくのごとき主張はいたしません。私は全部についての機密保護ということを考えていたのであります。
タグナー検察官　それではなぜ一四項の発送を遅らせたのですか。
山本証人　私は特に遅らせたのではありません。
（中略）
タグナー検察官　あなたの上司のうちで、第一四部の発送を遅らすように指令したのは誰ですか。
山本証人　前から申し上げておるように、第一四部の発送を遅らすという意味で、私は申し上げているわけではありません。電報の発送などは、海軍統帥部の方でも非情な強い関心を持っておりましたので、それらとも十分協議して、分割あるいは発送の時期を決めたのであります。
タグナー検察官　それではあなたの当時の上司が誰であったかということを言ってください。

山本証人　東郷外務大臣、西外務次官、これが私の上司でありました。

（『極東国際軍事裁判速記録』第二五二号訳文）

東京裁判に対して、外務省内のあるセクションには、裁判対策のための遅延問題問答マニュアルらしきものが作られ、「日本は真珠湾奇襲を無通告で行うつもりはなかったが、駐米大使館の事務処理の齟齬によってひき起こったもの」という趣旨説明で対処するようにとの指示があったといわれる。したがって外務省から東京裁判に証人出廷した者は、上述の山本が行ったような曖昧な供述を行っていた。

軍部は事後通告を画策していた

東京裁判の尋問記録を読むと、検察官の関心事は外務省の電報の遅延問題そのものではなく、「真珠湾奇襲と通牒との間の時間差を短縮する」という企図のもとで、軍部と外務省の共同謀議を示す証拠収集、つまりは真珠湾奇襲と一体になった日本政府の陰謀の解明にあったことは疑いない。

裁判から逃れようとする外務省と、その関与を追及する国際軍事法廷との駆け引きが東京裁判で行われていた。国立公文書館で公開（一九九九年）された法務省極東国際軍事裁判資料「A級裁判参考資料真珠湾攻撃と日米交渉打切り通告との関係」で、海軍の「弁護方針（案）」にはこう記されている。

「『最後通牒』手交ノ遅延ハ在華府日本大使館ニ於ケル事務遅延ノ為ニシテ我方ノ意図ニ反セルコト」「（註）詳細ハ外務省内部ノ決定ニ一任ス」。

統帥権を行使していた日本の軍部、陸海軍作戦課はできるだけ事前通告を避けることを企図していた。真珠湾奇襲は奇襲攻撃だからこそ、機密が漏れることを軍部は恐れる。しかし真珠湾奇襲作戦を立案した山本五十六連合艦隊司令長官だけは事前通告にこだわっていた。

しかし実際に真珠湾奇襲攻撃をかける戦闘部隊が、作戦の情報漏れを警戒するのは当然だ。択捉島の単冠湾を出港してハワイへ向から洋上の日本海軍機動部隊は完璧な無電（無線電信）封鎖を行い、あらゆる無電連絡を断って音を消した（もっとも、真珠湾攻撃隊長の淵田美津雄は、真珠湾に潜む日本の特殊潜航艇の行方を心配して一度だけ、無電封鎖を破ったという説があるが）。

開戦前の一二月六日（土）付、『大本営陸軍部戦争指導班　機密戦争日誌』（軍事史学会編、錦正社、一九九八）にはこうある。「野村来栖ハル会談行ハル偽装外交着々成功シツツアリZ作戦部隊ハ既ニ『ハワイ』ニ近カルベシ而シテ竜田丸ハ之ト併航シアリ戦ヲ知ラズ正ニ戦争秘史中ノ秘史ナリ」

また同日付、「連絡会議開催（『杉山メモ』参謀本部編、上、参照）対米最後通牒文ノ交付時期ニ関シ作戦課ハ八日午後三時頃ト主張セルガ如キモ既ニ連絡会議ニ於テ事後通告スル如ク決定セラレルアルヲ以テ之ヲ変更スルヲ得ズ之ヨリ先夜陸海両次長外相ト会談右ヲ主張スルモ外相納得スルニ至ラズガ如シ」。

杉山メモにあるように、陸海軍は事後通告でもよいと考えていた。宇垣参謀長は「寝込みを襲うも卑怯ならず」といったといわれる。そのための偽装外交を東郷に要求していた。しかし八日午後三時通告（日本時間）という軍部の要求は、東郷が拒否したと杉山メモにはある。軍部はどうしても真珠湾奇襲を成功させなければならなかった。先述したように、司令長官の山本五十六だけは必ず宣戦布告するよう参謀本部に促していたようだが、山本のこの考えは軍組織全体の意思を反映していなかった。

山本は出撃前に天皇に拝謁しているが、儀礼的なもので宣戦布告に関する話をする時間はなかったといわれる。昭和天皇も宣戦布告を条件としていた。しかしながら軍部参謀本部の意向が通告遅滞問題にも強く反映したと見ることができる。戦争を明言する事前通告は避けたい、なるべく外交交渉を継続している偽装ポーズを見せておきたい、というのが日本軍部のホンネであった。

幻の「宣戦布告」文書

「対米覚書」が明確な宣戦布告ではなかったことを裏づける資料が存在していた。東京裁判で証人として出廷したアメリカ局長の山本熊一は、対米覚書の前に、外務省事務レベルで宣戦布告文書通告文を書いていたのだ。しかし米側には手交しなかったことを示す資料が外交史料館に存在していた。これを発掘したのは先述した井口武夫である。

外務省が対米覚書文書を公開してから約五年後。外交史料館のマイクロフィルムの中に保存された文書で、山本熊一が手書きしたと思われる原文の「対米最終覚書」で、英文のメモランダムもついていた。国家機密の印が捺され、日付は「December ◯ th, 1941.」とあった。作成日が空けてあるので発出されなかったものだとわかる。この通告文書を井口は次のような日本語に翻訳した。

「本使は日本政府の命令により、閣下に対して次のとおり通報する光栄を有します。米国により取られた敵対的措置は、日本の安全と生存に重大な脅威を与えたので、日本としては自衛の手段に訴えることを余儀なくされるに至ったので、今や日米両国の間に戦争状態が存在することを閣下に通告いたします。また、本使は、両国の国交断絶に関する日本政府の見解を示したステートメント一通を閣下に手交するよう、併せて訓令されました。本使は、以上を申し進めるに際し、ここに重ねて閣下に向って敬意を表します」。これに付けられたステートメントは、「対米覚書」の文書と類似の開戦理由が述べられている（井口武夫「幻の『宣戦布告』全文」『This is 読売』一九九七年一二月号）。

一読すれば、疑いの余地のない「宣戦布告」であることは誰しも了解できるだろう。しかしなぜこちらが真珠湾奇襲通告文書として使われず、長い間、歴史の闇に埋もれていたのだろうか。

実はこの文書の存在を初めて指摘したのは、米国ワシントン大学ビュート教授の「東京は最終通告をワシントンへ送っていなかった」と題する論文で、米国の『太平洋歴史研究』誌に発表された論文だった。この論文を京都産業大学・須藤眞志教授が日本国際学会で発表紹介したことから文書の存在が明らかになった。井口は外交史料館のマイクロフィルムの中に埋もれていたこの文書そのものを捜し出したのだ。

書簡の最初のほうで「日米両国の間に戦争状態が存在する」とうたっているので、これは間違いなくハーグ条約がいう宣戦布告文書に相当する。実際に米側に送られた「最終覚書」は後述する「ハル・ノート」に対する反論を行っているのに対し、こちらの宣戦布告文書にあるステートメントは、「ハル・ノート」には反論せず、日本の存立を危機に陥れた米英に対する自存自衛の戦争であることを主張している。この点も簡素な説明になっている。

なぜこれが実際には使われず、宣戦布告文書とはみなされない「対米覚書」が採用されたのだろうか。発見者の井口はこう述べる。

「この書簡を一二月七日の午前中に在米大使館が受領していれば、野村・来栖両大使は疑いなく開戦の意図と午後一時に通告期限を付した隠された意味を直ちに察知して、表書き書簡だけでも駆け足で持参して、午後一時にハル長官に手交したと思われる。この書簡が発電されなかったことに対して限りなく悔しい思いを抱くのは私ばかりではないであろう」（前掲、井口論文）。

「この文書で最後通牒の性格が失われた経緯が明らかになった。この重要文書を発掘して外務省と学会に報告、五年後の二〇〇四年の九月の『外交史料館報』に覚書作成に至る草案を掲載したが、外務省はこれを記者に公開して国民に説明することはしなかった」と井口は筆者の取材に語っている。

「宣戦布告文書」が棄てられ、「対米覚書」が採用された理由を「交渉打ち切り（対米覚書）のみで開戦することを、元来、通告に抵抗した軍部がこだわったのか、開戦宣言が、もし米側に事前に漏れれば、奇襲攻撃の企図を見抜かれると慮ったのか。外交を無視して独走する軍部との折衝過程のいかなる段階で外務省事務レベルが作成したのであろうか」

と井口は述べ、この文書の起案を命じたのは東郷外相だろうかと疑問を投げかけている。もし東郷が起案を命じていたとすれば、彼は「対米覚書」は宣戦布告の要件を備えていないことがわかっていたはずで、それならなぜ『時代の一面』であれほど強く駐米大使館員の怠慢を責めたのだろうか。

敵を欺くには味方から

大使館事務方の総責任者だった井口の父貞夫は、通告遅延問題の全責任を負わされる立場だった。

当時、井口は一一歳の少年で家族とともにワシントンにいた。真珠湾奇襲攻撃の時のショックは八〇歳を超えた今でもよく覚えている。平和で楽しかったワシントンの生活が一瞬にして崩壊し、学校の友達とも離れ離れになり、敵国の外交官の家族ということで米当局に軟禁状態に置かれ、交換船で日本に帰国した子供心にも辛かった日々の記憶を忘れることができない。

戦後、井口は父親の後を継ぐようにして外交官になり、ニュージーランド大使退任後は東海大教授になり国際法を研究した。井口は長年の研究を通じて、通告遅延責任は大使館に押しつけられた「濡れ衣」ではないかと考えるようになった。しかもこの「濡れ衣」が通説となり、ハーグ条約に基づく宣戦布告をしなかった日本の免罪符として使われていることに、国際法学者として大きな疑念を抱いた。

実は通告遅延責任は駐米大使館だけの責任ではなく、真珠湾奇襲攻撃を企図した軍部と外務省との意思疎通の結果だったことが、戦後七〇年を経た現在、各方面からの研究で徐々に明らかにされつつある。駐米大使館のトップ野村大使ですら開戦のいかなるヒントも与えられてはいなかった。軍部と外務省が仕組んで対米真珠湾奇襲（対英戦はマレー半島奇襲の同時作戦）の準備を着々と進める一方、逆に日米交渉は続けているフリをさせていた。この点は先述した『大本営機密日誌』や『杉山メモ』や宇垣参謀長の「寝込みを襲う」談話などからも明らかである。

まさに「敵を欺くには味方から」を実行し、駐米大使館は味方から欺かれていたのではないか、という推測が成り立つ。

一五時間遅延の謎

電報の遅延に関する近年の研究には、三輪宗弘・九州大学教授の調査がある。『日本経済新聞』（二〇一二年一二月八日付）がこれを報道している。

三輪は米国メリーランド州の米国立公文書記録管理局で外務省が東京中央電信局からワ

シントンの大使館に宛てた電報の発信時刻と米海軍がこれを傍受した記録を見つけた。先述した「対米覚書」全一四部は九〇二号だが、このとき外務省が発出した公電は九〇一号から九一一号まである。ところが、この中の九〇三号、九〇六号が外務省資料から紛失していた。「対米覚書」の九〇二号には多くの誤字、脱字、修正があり、これを九〇三号、九〇六号の二通に分けて発出したものだ。

三輪の調査によれば、この二通の発信時刻は、「対米覚書」一三部の発出から十数時間も遅れていたことがわかった。外務省で紛失していた二通の電報に通告遅延問題の謎の一部を解くカギがある。「発信の大幅な遅れは、陸軍参謀本部のみならず外務省も関与していたことを示す証拠」と三輪はコメントしている（前掲紙）。

三輪は「対米開戦通告の一五時間遅延の謎――在華府日本大使館への責任転嫁は可能なのか」という論考の中で、外務省における電報資料紛失疑惑をこう分析している。

外務省外交史料館所蔵の『日米外交関係雑纂』の第一八巻には、「外交資料　日米交渉記録ノ部四（東條内閣時代〈上〉）」と「外交資料　日米交渉記録ノ部五（東條内閣時代〈下〉）」の二点の資料が綴じられている。電報が筆写され、多くの電文が収録されているが、日米交渉の打切り通告で最後通牒であるとした「第九〇二号」には、一四部に分けたことを示す個所「(十四部ニ分割打電スヘシ)」が筆写されずに欠落している。一体なぜなのだろうか。故意なのか、単なるミスなのか。

昭和一七年七月には外務省に存在した「第九〇二号」の電文原本を参照し、転記できたはずである。アメリカ局の加瀬俊一はなぜ、「(十四部ニ分割打電スヘシ)」を削除したのだろうか。加瀬はこの時点でルーズベルト大統領の「騙し討ち」演説を当然知っていたはずであり、何らかの対応を迫られたのであろう。長文の「第九〇二号」は一四部に分けられ、外務省電信課から逓信省東京中央電報局を通して在米日本大使館野村吉三郎大使宛で発信されたのであるが、最後の第一四部は一五時間も留め置かれ、一五時間後に東京中央電報局からワシントンDCに発信されるのである(外務省『日本外交文書　日米交渉――一九四一年〔下巻〕』〈外務省、一九九〇年、二三七頁〉は『日米外交関係雑纂』の第一八巻から取った第九〇二号を掲載しており、原本に当たらずに、そのまま引用している)。

(略)傍受時刻からわかることは第一部から第一三部まで三時間半かけて打電しており、「一時間置キ」に打電したという内容は事実ではないということである。なぜ加瀬はここで嘘を書いたのであろうか。第一四部を一五時間遅らせ発信したことをさりげなくカモフラージュするために、巧みにこの一文を挿入したのであろう。「二つの経路」で発信したという点も、米軍の外交電報の傍受記録からは確認できなかった。これも外交文書の記述の正確さを資料で検証しなければならない。これも新たな課題である」(『日本歴史』二〇一三年九月号)。

この三輪の調査報告記述の中に、当時の外務省アメリカ局アメリカ第一課長の加瀬俊一の名が出てくることに注目したい。戦後の加瀬は国連大使や外務省顧問を務め、『日本外交史』シリーズの「日米交渉」を書くなど、戦後も影響力のある外交専門家として活躍した人物でもあるが、加瀬については後述する。

瀬島龍三はルーズベルト親電差し止めに関与したか

軍部が電報の発電を遅らせていたことは、参謀本部通信課参謀だった戸村盛雄の証言で明らかになっている。参謀本部は、四一年一二月一日からすべての外国電報の防諜のために最低五時間遅らせることを合同会議で決めていた。しかし戸村は、一一月二九日以降の外国電報を一時、逓信省に留め置き、その発着信を適当に遅らせるよう、逓信省の白尾事務官(大本営運輸通信部兼務)に指示していた。一二月一日より遅延時期を早めたのは、日本軍機動部隊がすでに択捉島を出てハワイへ向かっていた時期だったからだろう。さらに真珠湾攻撃直前の一二月六日には、五時間または一〇時間遅らせるように指示した。

実は戸村は、「対米覚書」発出のあと、追ってアメリカから発電されたルーズベルトから昭和天皇宛ての和平を求める親電が送られたとき、これを差し押さえ、約一〇時間配達を遅らせたことでも知られる。戸村の仕事としては、このルーズベルト親電の遅延が最も重大なものだった。戸村はこの経緯を遺書に残しており、この遺書の内容を娘婿である先述の須藤眞志が公開し、「昭和天皇への親電をなぜ私は遅らせたのか」というタイトルで執筆している（『諸君！』一九九二年二月号）。

敗戦後、連合国軍総司令官マッカーサーが東南アジア連合軍最高司令官マウントバッテンに宛てて、戸村の逮捕を要請し、約七ヵ月間、戸村は国際軍事裁判所の取り調べを受けた。この時の供述では、親電の差し押さえは上司の指示ではなく、自分ひとりの判断で実行した。したがってその責任は上司ではなく、自分ひとりが負うべきものとしている。

遺稿の中でも戸村は、上司には何の報告もせず、相談もなく、指示も受けてはいないとし、「その責任も亦自然、戸村少佐（事件当時の階級）のみが負ふべきものであつて、他の誰にも責任はないのである」と書いている（戸村、前掲遺稿）。

ところが、『産経新聞』は大本営作戦課の瀬島龍三少佐の関与を一面トップの記事でこう報道している。「戸村少佐は、『七日午前一一時ごろ、参本（陸軍参謀本部）の廊下で瀬島とバッタリ会った』と証言し、『瀬島とも一緒に考えて親電を遅らせた』と、戦後の一九六二年（昭和三七年）三月、防衛庁の事情聴取に対して証言している」（二〇〇七年一一月二四日付朝刊）。

瀬島は大本営作戦課のエースとして知られ、ガダルカナル撤退、レイテ戦など、戦争の節目の作戦に関与、戦後はソ連抑留中に東京裁判のソ連側証人として出廷し、帰国後は日本の政財界の重鎮として活躍した。伊藤忠商事でインドネシアや韓国への戦後賠償のほか航空機、原子力ビジネスなどに関わり、中曽根内閣の臨時行政調査会（土光臨調）の委員を歴任するなど、日本の中枢で大きな影響力を振るった人物である。

親電差し押さえは自分の独断でやったと戸村は遺稿で書いているが、産経報道では瀬島の関与を指摘している。いずれにせよ、戸村が親電を差し押さえた時期に、瀬島に会って話をしたことは確かだ。瀬島と戸村は陸軍大学校の同期生で、「戦後は実業界の人間として、瀬島とは親密な友人関係にあった」と須藤は回想している。

戸村の遺稿によれば、七日正午前に、天皇宛てのルーズベルト親電が発信されたとの連絡を白尾事務官から受けた戸村は、大本営に出かけたが、建物の玄関で瀬島に偶然会って、立ち話をしたという。

戸村は瀬島に「企図秘匿は大丈夫か」と聞くと、「英軍の水上偵察機が、タイランド湾上空で、我が南方軍の主力、山下兵団を乗せた船団上空に現はれ、（中略）南方軍総司令官より午前十時過ぎに我が戦闘機が企画暴露を防ぐため、已むなく、これを撃墜したと報告がとどいたところである。従って上奏文を書き改めなければならない」と言ってそそくさと行ってしまったという（戸村、前掲遺稿）。

戸村はすぐ白尾に電話して、「今後、一〇時間以上、外国電報は遅延させるように」指示した。ここで戸村は一〇時間遅延と言ったことを強調している。国際軍事裁判の検事取り調べでは、一五時間の遅延となっていたが、一五時間と言った覚えはないと戸村は回想している。

大統領から天皇への親電を押さえたり、電報の発着時間を遅らせた理由を戸村は次のように述べている。

「外務省の暗号は機械暗号が多く、無限乱数式のものより比較的解きやすい。（昭和）十六年の春ごろからこれを承知していたので、外務省の担当者にも話していた。ことによると米英両国は日本の外務電報の暗号を解読しているかもしれない、いや解読されていると考えて行動するほうがいいと考えた。だから、米英は当方の状況をよくつかんでいるのではないか。グルー大使も大統領も素知らぬ顔して、日本の先制攻撃を待っているのではないかと思っていた。日本を絶体絶命に追いこんでおいて、一二月二日、日本天皇をして戦争を決意させておいて、天皇に親電を打電して、軍を引けもしない日本に、軍隊を引けという無法なことを、日本の天皇に要求することは誠に怪しからぬことだと、考えた」。「そうすれば（大統領の親電が届かなければ）陛下も決心を変更されずに済むし、南方軍も亦海軍も、敵を急襲することができるのだ」（戸村、前掲遺稿、要約）。

結果論としていえば、戸村の親電差し止め工作は陸海軍の真珠湾奇襲成功という目的達成が混乱することなく、大いに奏功したことになる。東條が「遅く電報が届いたから良かったよ、一、二日早く着いていたらまた一騒ぎあったかもしれぬ」と話したことを、東郷は『時代の一面』で書いている。親電差し止めで天皇への配達も遅れたから、天皇が開戦責任を問われることもなくなったのだ。

誰が差し止めたのか

親電差し止めへの関与が疑われる瀬島といえば、陸軍士官学校出身の最優等生で当時はまだ三〇歳そこそこの若さだったが、参謀本部作戦課に抜擢された。作戦課とは軍の戦術や兵力の配置などを企画する参謀本部の頭脳にあたり、陸士卒、陸大卒のエリートが集まる部署だ。わずか二〇人程度の作戦課員が起案した作戦に、四〇〇万の日本軍兵士を動かす権力を持っていた。

若手であっても瀬島ら作戦課員には部隊の兵力運用と作戦を動かす裁量が任されていた。

兵力運用に関して参謀本部幹部にレクチャーすることも多く、瀬島は全軍の配置状況を細かく熟知把握しており、幹部は概ね黙って瀬島の話を聴いていた。机上の作戦プラン作成にかけては瀬島の右に出る者はなかったといわれる。天皇の元に重鎮が集まる宮中の御前会議も事務方で傍聴しており、軍内部の極秘情報に接し、一二月八日の開戦日を知り、真珠湾奇襲も事前に知っていたはずである。

南方戦線の開始を指令した「ヒノデハヤマガタ」（一二月八日開戦）の暗号電文は瀬島が作り、戸村が発信したといわれる。開戦直前の瀬島はずっと参謀本部に寝泊まりしており、開戦日を一二月八日零時と決めた一二月二日の御前会議が終わった後、宮中を出たときには、雪が降っていたと回想している（『日本の証言』）。

宮中の御前会議にも立ち会っていた瀬島なら、天皇宛ての親電でも密かに差し止めて解読させる力量があったことをうかがわせる。また瀬島は天皇には電報を届ける役割もあり、「重要な電報は真夜中であっても侍従に届けた」（『日本の証言』）と語っているから、アメリカ大統領からの親電なら、差し止めるどころか、真っ先に天皇へ届けなくてはおかしい。戸村は親電が来ることはアメリカの報道で知ったというから、作戦課の瀬島が知らないはずはなく、大本営の玄関で偶然会ったにせよ、親電の話がでなかったことは不自然だ。

親電の解読工作と瀬島の関与については、井口が著書『開戦神話』で詳細に述べている。

これまで、親電が一時、戸村に押収されたことは知られていたが、参謀本部による極秘の解読工作に関する研究はほとんどなかった。井口はこの歴史の闇に光を当てた。なぜ対米覚書一四部目が一五時間も遅れたかといえば、予期せず急に飛び込んできたルーズベルトの親電の解読と親電への回答も含めて、一四部を書き直す必要があり、その作業に時間を要したからだった。

ルーズベルトから天皇宛て親電が発信されたことはAPやUPIが報道したので瀬島も戸村も親電が来るのは知っていた。したがって戸村が逓信省の白尾事務官に指示して電報を差し止め保留しておくことは可能だった。

「外務省は戸村の指示で対米覚書電報九〇二号第十四部と訂正補足電報の発信を十五時間遅らせられた。天皇宛て親電は十時間遅らされた」。また防衛庁が昭和三七年三月に調査した証言では「瀬島と一緒に考えて親電を遅らした」という（井口武夫『開戦神話』）。

瀬島は陸軍参謀本部の辻政信、服部卓四郎、田中新一、杉山元といった東條人脈の実力者に連なる太いパイプを持っていた。当然、外務省でもこれを把握していたと考えるべきで、AP、UPI電を同盟通信経由で読んで親電が来ることも承知していた。

「参謀本部通信課との連絡役だった電信課長亀山一二やアメリカ局で親電担当でもあった第一課長加瀬俊一が熟知していただけでなく、東郷が解読の事実をある程度知っていた疑惑も浮かび」上がった（井口、前掲書）。

親電差し止め工作は大本営参謀で行われただけでなく、外務省もこれを知り、遅延に関与していたことがうかがえる。

こうした状況証拠から見て、参謀本部が解読した親電の内容をもとに、外務省は「対米通告」一四通目を修正する必要性を感じたはずである。親電の内容には「ハル・ノート」より前進した目新しい提案はなかったが、「日米両国民間の伝統的友好を回復し世界平和を求める」という日米友好の和平へのメッセージが盛り込まれていた。したがってこの親電への回答も含め、先に用意した対米通告の末尾の文面を修正する必要があった。

親電の解読とそれを受けた通告文章の修正にかかる時間が必要になったのだが、実は、ただそれだけが遅延の原因ではない。親電を差し止めた陸軍参謀本部の思惑には、これを利用して、真珠湾奇襲成功のため、さらに「対米覚書」第一四部の発出を遅らせる意思が加わったのではないか。重要文書なのになぜ「大至急」のマークが落ちているのか。この謎もこれで解けてくる。

大統領からの親電を受けとったグルー駐日大使から東郷外相に親電が届けられたのは日本時間の八日午前零時半、外務省でこれを翻訳し東郷外相のもとへ届いたのは午前二時ごろだったとされるが、東郷はすぐに参内し天皇に上奏した。東郷は天皇に対して、すでに

「交渉打ち切り通告」を発出したので、返信の要はない旨を伝え、天皇はこれを了承したとされる。結局、土壇場のルーズベルトから天皇への和平提案は、親電を差し止めた軍部と外務省の連携工作により阻止されたと考えていい。

戸村と瀬島が相談して親電を差し止めたとする疑惑に対し、瀬島は、外務省電信課・亀山一二の証言による発電時間を引用してこう語っている。「外務省当局の措置は綿密周到至れり尽くせりというべきでありまして、ワシントン時間十二月七日午後一時の外交打切通告は充分間に合うはずでありました。（略）（真珠湾攻撃より一時間遅れて米側に手交した理由は）全く大使館事務当局の手違いに起因するものでありました。ビュートウ氏（先述の幻の宣戦布告文書の発見者）によれば、『日本政府の官憲によって嘗て行われた失態の中で最も高価についたものの一つ』でありました」と回想録に淡々と書いている（瀬島龍三『大東亜戦争の実相』ＰＨＰ研究所、一九九八）。

瀬島はこの問題への関与を一切、認めることなく大使館の事務方の失態に丸投げした非難を繰り返すだけだった。しかし昭和史に詳しい半藤一利は「瀬島少佐が戸村少佐とあって親電の扱いを話したというのは事実で、結果としてこれが最後通告の遅れにつながったという推論はありうべき」と語っている（『産経新聞』一九九七年一一月二四日）。

こうなると、いったい誰が「対米覚書」一四部などの電報の差し止めをしたのか、という問題に収斂する。果たして外務省アメリカ課は関与したのか、それとも陸軍参謀本部が独自に行ったのか。いくら非常時とはいえ、作戦課のエリートでも三一歳の若手少佐の一存で、日米の元首同士の親電のやりとりに独断で介入できるのだろうか。

まるで他人事のような筆致

通告遅延問題に関して、当時、外務省アメリカ課長で対米覚書文書起草や大統領の親電を担当していた加瀬俊一は戦後の著作でこう書いている。

「なぜ訓令の通り、午後一時に会見しなかったのだろうか。外務本省からの発電状況は中央電報局に保管される記録によって明白であるが、これは着実に行われて少しの遺漏もない。手違いが起こったのは意外にもワシントン大使館であって、じゅうぶんの時間的余裕があり、かつ厳重な注意電報も届いていたのに、どういう訳か、解読浄書に暇どってそのために訓令に反する結果となったらしい。この事情はともかくとして、交渉打ち切りの通告が開戦後となったことはまことに遺憾至極であった。これによって、日本は外交交渉中欺し打ちをしたという汚名を着せられることになったのであって、この点は両大使としても痛く当惑したことと察せられる」（加瀬俊一『日本外交の決定的瞬間――外交の舞台に立って』日本経済新聞社、一九六五）。

二〇年を経た戦後の記述だが実に淡々と書いている。先述した瀬島龍三の回想記の表面的な語り口と似ているのである。加瀬は外務省アメリカ課長として対米覚書通告遅延問題の渦中にいたはずなのだが、当事者ではなく、まるで他人事のようなサラリとした筆致なのである。もし時間が逼迫していたなら、「出来あがった文書の一枚でも指定時間内に届けたらどうか」と国務長官ハルは回想録で述べている。たとえ軍部が奇襲攻撃を戦術として採用したとしても、武力の威嚇による瀬戸際外交を行った日本外交の誠意と道義的責任が問われても致し方あるまい。

その加瀬は戦後も国連大使や外務省顧問になり、新聞、雑誌などを舞台に執筆活動し外交評論家として精力的に活躍していた。加瀬のこうした内容の記事が、「通告遅延に関する通説」として国際的にも国内的にも定着していったと思われる。

それにしても、陸軍と外務省は組織としてどの程度通告遅れや親電差し止めに関与したのであろうか。日本では原文が失われたとされる対米通告電報の一部、第九〇三号、第九〇六号の通信傍受記録を米国の公文書記録管理局で発見した先述の三輪宗弘は以下のような問題提起をしている。

「主役は外務省アメリカ課なのか、それとも主役は陸軍参謀本部で、その命令に従い東京中央電信局が留め置いたのであろうか。外務省や陸軍は組織としてどの程度一五時間遅延に関与したのであろうか。国立公文書館の東京裁判関連資料を読む限り、海軍はこの一五時間遅れをまったく知らされず、蚊帳の外である。井口武夫は『開戦神話』(文庫版二〇一〜二一二頁、二二五頁)で電報のレベルが大至急から至急に下げられたことも指摘しているが、東京中央電信局でどのように低い指定に下げられたのかを跡付けなければならない。このことを外務省の加瀬俊一や東郷茂徳はいつ知ったのか、知らなかったのかという点も課題である」(三輪、前掲論文)。

陸海軍による内乱の怖れ

ところで、瀬島龍三は先述のような形で日米開戦に関与した可能性が高く、終戦時の八月終戦工作への関与をも自ら語っている(前掲『日本の証言』)。

親電差し止め事件への瀬島の関与について、保阪正康は、「参謀本部という統帥組織において佐官クラスが自在に権力をふるえるような状況になっていたことを物語っている。(中略)瀬島の対戸村発言は、あらためて検証しなおされねばならぬ性質のように思える」と指摘する(『瀬島龍三——参謀の昭和史』)。

瀬島はどんな苦境や難題が目前に出現してもそれと冷静に直面し、分析し、耐え、カメレオンのように臨機応変に立場や態度を変えて、別の戦略に切り替えるプラグマティクな能力の持ち主に見える。その意味では日本主義イデオロギーに洗脳されていた戦前型の軍人とは異質で合理的なメンタリティの持ち主といえよう。米軍の猛攻にあい、戦うも地獄、退却も地獄のガダルカナル作戦参謀に抜擢された瀬島は、敵に対して七三一部隊が開発した細菌兵器の使用を企図したが、東條に大反対されてひっこめたというエピソードがある(『沈黙のファイル──「瀬島龍三」とは何だったのか』共同通信社社会部編、新潮文庫、一九九九)。

何であろうと戦に勝つためには武器は何でも使えばいいと思っていたのではないだろうか。こういう瀬島の一面について、作家の船戸与一はプロフェッショナルな軍人「テクノクラート」と見ている(前掲、『沈黙のファイル』)。

中曽根政権下の土光臨調の仕事などを通じて瀬島と親交があった実業家・新井喜美夫は、瀬島が親電差し止めに関与したのは事実だろうとし、次のような興味深い指摘をしている。

「瀬島が参謀本部で書き綴っていた命令文は、天皇の言葉として発せられるものばかりである。瀬島には、あたかも天皇が乗り移ったかのような錯覚があったのではないか。天皇の御心を常に考えて命令文を書する。(中略)瀬島は軍人教育の中で天皇のお考えを価値基準の最高位に置いてきた人物である」。

「瀬島は、自分の意思を横において、開戦に至る過程で、天皇の御心を考えたに違いない。

天皇は、『内乱だけは避けたい』という思いを強くお持ちになっていたはずである。二・二六事件では寸前のところで内乱は回避できた。だが、今度はそうはいくまい。外交に持ち込めば、再び陸軍の不満が高まり、同様の事件を引き起こす可能性がある。それでは、天皇の御心に適わない――そう考えたのではないか。

軍部内で日米開戦の気運が高まっていた一九四〇年九月一日（引用者注・正確には一九四一年九月六日）の御前会議で、あくまでも外交決着を望んでいた昭和天皇は、会議の模様をお聞きになった後、懐から明治天皇の御製を記した紙片を取り出し、お詠みになった。

よもの海みなはらからと思ふ世に
　など波風のたちさわぐらむ

この「はらから」が意味しているのは、米英蘭などの他国ではない。天皇が危惧していたのは国内の対立だった。だから『内乱を避けるために、対米戦争に持ち込んだのはやむを得なかった』と瀬島はいいたかったのではないか」（新井喜美夫『転進　瀬島龍三の遺言』講談社、二〇〇八）。

御前会議の開戦決定にあたり、天皇が陸軍強硬派と和平派の海軍の間に挟まれて揺れたとき、その心中には「陸海軍による内戦の怖れ」を感じていた。日米開戦は内戦を避けるためのやむを得ない決定だったと、アメリカの歴史家ハーバート・ファイスも新井と同様の見解を述べている（ファイス『真珠湾への道』）。

沖縄戦で日本軍の敗色が濃厚になり、戦艦大和が撃沈されたころ、瀬島は鈴木貫太郎内閣の書記官長・迫水久常に呼ばれ、深夜、意見を聴取された。「本土決戦を関東平野で行う計画があるが、どう思うか」というものだった。

瀬島は「好転は難しく勝ち目はもうない」というと、終戦の時期を尋ねられた。「終戦は八月中がいい。九月になるとソ連の戦争準備が整うので、ソ連軍が入ってくると厄介になる」と答えた（瀬島『日本の証言』）。瀬島の提案どおり、終戦日は八月一五日になった。瀬島は開戦と終戦の双方に関わった稀有な参謀であった。

この後、瀬島は満州へ行き、ソ連軍と折衝して終戦処理を行う。約六〇万人という膨大な関東軍兵士と日本人居留民が満州に取り残されていた。兵士の武装解除、居留民の本国送還などに道をつけなければならなかったが、瀬島は他の関東軍幹部五〇人と一緒にシベリアへ連行され、スパイ容疑で逮捕され、抑留された。抑留中に東京裁判の証人として召喚され日本へ来たが、証言が終わるとシベリアへ連れ戻された。

先述したように、瀬島は親電関与の話は一切していないが、シベリア抑留の日本兵のうち約六万人が死亡していることを痛切に語っている。「北方領土よりも抑留者の補償を国はしっかりやってけじめをつけてもらいたい」（瀬島、前掲書から趣旨要約）と主張する一方で、『北方戦備』という大著を密かに執筆しており、外部の閲読を認めないで、防衛庁戦史室（当時）に寄託しているといわれる（保阪、前掲書）。その大著に、何らかの知られざる事実が書かれているかもしれない。瀬島は戦時にも、戦況に影響を与える重要な情報の握りつぶしや改竄に関与したという証言もある。

加瀬の戦時と戦後の断絶

通告遅延と親電遅延の両者とも参謀本部の関与はある程度わかったが、加瀬俊一は、「後日東京裁判で初めて暴露され、検察側は鬼の首を取ったように追及したのであるが、さすがの東条大将もこれには激怒したものである。当時の軍の統制はここまで乱れていた」と書いている（加瀬、前掲書）。

しかし井口は、加瀬は当時の外務省アメリカ局で電報を担当していたことから、「もし本省が事前通告に抵抗する陸軍の強圧に屈して親電解読まで第一四部のさらなる発信遅れを了承したのであれば、外務本省の責任は免れない」と指摘している（井口、前掲書）。

井口は外務省の社内報ともいうべき、『霞関会会報』に以下のような文章を寄稿している。東京裁判時の米国検察局の調書に出てくる加瀬俊一の尋問調書記録に基づくものだ。「アメリカ局の担当課長だった加藤俊一氏に対する尋問においても、米検察官は、在米大使館宛の十一月三十日付け訓令（第八五七号電報）を取り上げて、ハル・ノート発出直前に機動部隊がエトロフ湾からハワイ向けに攻撃態勢で出港したにも拘らず、そしてハル・ノートを拒否する方針が採択されたにも拘らず、野村大使に交渉を続ける態度を執らせて真珠湾奇襲のカモフラージュに使って米政府を欺いたとした」。

「特に米検察官が押収した電報原文の末尾の『交渉を直ちに決裂に導くが如きなきよう配慮ありたし』との文言が墨で黒く塗りつぶされたのを、証拠隠滅として追求した。加瀬氏は、当初、自分が訓令を起案したことも削除したこともないと陳弁したが、（中略、その後の関係者尋問で）筆跡が確認され、全面的にそれを認めるに至った。それでも、加瀬氏はあく迄も東郷外相と山本局長の指示に基づくとした」。

「松岡外相による独ソとの連携強化による反米戦線結成のため訪欧に側近として参加した彼の役割に関する米検察官の尋問調書には、彼を『日本の侵略に積極的な役割を果たした』『まことしやかなうそつき』と不信感を表明している。これに対し加瀬氏は検察に"I am very sorry"とひたすら謝罪し、戦犯や公職追放者リスト作成に協力を申し出た」（『国際検察局尋問調書』〔粟屋憲太郎、吉田裕監修〕による）。

国際検事局の尋問で加瀬が自筆の文書の不都合な部分を墨塗りして削除していたことが明らかになっている。日独枢軸を強化し三国同盟に依拠した松岡洋右は、その反米思想で米国から危険視された存在だったが、加瀬は反米的な思想の松岡に近かったことで、国際検察局が特にマークしたのかもしれない。

一方、東郷外相は東京裁判の尋問で、「大本営連絡会議で交渉打ち切りの通告に留めざるを得なくなり、開戦の文言は使えなくなったが、実質的には開戦通告に等しかった」と『時代の一面』で書いたことと類似の主張をしている。ところが、駐米大使館への通告遅延に関しては、「案文の修正に手間取ったが、七日午後一時に米政府に手交するのは可能だった」といっている。

ここで東郷は「案文の修正に手間取った」ことは認めるが、ルーズベルト親電の保留と解読、これによる対米通告文書の書き直しに関しては何も語ってはいない。

日米交渉の最終局面で東郷外相を補佐したのは外務省の担当課長だった加瀬だが、彼は戦後も日米交渉に関わる外交文書の編纂に関与し、『日本外交史』（鹿島平和研究所）の第二三巻「日米交渉」の部を執筆している。

「そのことが、今に至るまで問題を残している。加瀬氏は、松岡・東郷外相が獄死したため、長い間松岡外交や東郷外交を熟知した日米開戦外交史の生き字引きとしてマスコミや学会の一部でもてはやされ、加瀬回顧録や対談録を引用する記事や論文が横行して真相究明が妨げられた」と井口は指摘し、戦後七〇年にも及んできた藪の中の議論に決着をつけよ、と主張している（前掲、『霞関会会報』）。

ところで、加瀬は一九六五年に書いた自著で、開戦時の「宣戦の詔書」に天皇が自ら付け加えた言葉といわれる「今ヤ不幸ニシテ米英両国ト戦端ヲ開クニ至ル洵《まこと》ニ已ムヲ得ザルモノアリ豈《あに》朕ガ志ナランヤ」という文言に触れ、「目頭が熱くなる」と書き、さらに「これこそは、平和を顕念する天皇が軍部の冒険に対して示したせめてものレジスタンスなのである。それが国民大衆のレジスタンスと結びつかなかったところに日本の悲劇がある」と書いているが、外務省幹部として宣戦布告と対米通告に関わった戦時と戦後の断絶は何を意味しているのか。いったい加瀬はどのような「国民のレジスタンス」を期待していたのだろうか。敗戦後の加瀬はGHQとの折衝に当たったが、水面下で天皇の免責工作にも深く関わったといわれる（吉田裕『昭和天皇の終戦史』）。

それにつけても思うことは、なぜ当時の日本政府と外務省はこんなにも複雑な迷路をくぐりながら、宣戦布告を行ったのかという点だ。東郷外務大臣がグルー駐日大使を真珠湾奇襲の一時間前に外務省へ呼んで、宣戦布告文書を渡していれば、この問題が戦後七〇年を経た今に至るまで、繰り返し語られることはなかっただろう。

なぜ東郷はそれをしなかったのだろうか。あえて電報で米国の大使館に知らせるよりはるかに早く、確実なうえ、機密も守られる。東郷は長いつきあいで顔なじみだったグルーに、直接これを手渡すのを嫌がったという説がある。いずれにせよ、「通告遅延問題の顚末」が正しく理解されなければ、「日本の瀬戸際外交の原点」はいつまでも闇に埋もれたままとなる。

第四章

ルーズベルト陰謀論はなぜ流布したか

独伊艦艇攻撃を発表するルーズベルト米大統領
（1941年9月、毎日新聞社）

「日本を赤ん坊にしておけ」

翼に日の丸をつけた攻撃機編隊が真珠湾上空にさしかかった時、米国人女性飛行士が操縦する民間の小型機が飛行練習をしていたという実話がある。彼女は上空を飛ぶ日の丸の戦闘機群を見て仰天し、Uターンして逃げた。

これはハリウッド映画『トラ！トラ！トラ！』にも描かれているが、日本軍機の下を飛ぶ女性飛行士の姿を本当に目撃した日本の攻撃隊員もいる。

この実話が米国本土内で広まったのだろうか、噂は噂を呼んだ。こんなエピソードがある。終戦後の一九五一年、シカゴの地方紙に載った記事で、真珠湾攻撃はルーズベルト政府の自作自演で、実際に攻撃を行ったのは、「アメリカ人やイギリス人の白人で、日本人の飛行士もいたがそれはただ写真を撮るだけで、射撃は白人が担当した」というものだ。この話は現代史学者・須藤眞志が紹介している（秦郁彦編『検証・真珠湾の謎と真実』所収）。

陰謀論もここまで来ると極まるが、笑い話ではなく、日本軍の攻撃を易々と許し、警戒が薄く無防備だったハワイの兵士や民間人の命を大量に奪った大統領の国防責任の追及、ルーズベルト政権の指導者たちは真珠湾攻撃に関する情報を得ていながら、対応せず、ハワイには情報を知らせず放置した、その理由は、戦争に反対していたアメリカ世論と野党

（共和党）を騙して、第二次世界大戦に参戦するために、日本に真珠湾を奇襲させた――というのが、アメリカにおけるルーズベルト陰謀論の系譜である。つまり、真珠湾を無防備に放置して太平洋艦隊を日本軍のオトリに使ったという物語である。

これに対して日本のルーズベルト陰謀説はもっと屈折している。日本の真珠湾攻撃に先立つ一九四一年八月、ニューファンドランド島沖でルーズベルトとチャーチルの両首脳が会談し、反枢軸国の「大西洋憲章」を合意した時、ルーズベルトが「日本を赤ん坊にしておけ」と側近に語ったという話が出て、米英間で何らかの対日戦争の密約があったのではないかという推測が生まれた。

真珠湾奇襲前に日本外務省が発出した「対米覚書」をマジック解読で読んだルーズベルトが「これは戦争を意味する」と言ったとか、「日本に最初の一撃をさせる」など、話好きだったルーズベルトの片言隻句にまつわる噂が陰謀説に結びつき、米国は日本の奇襲計画を知っていながら、知らないふりをして日本にやらせたというものだ。

もしも日本がルーズベルトの陰謀に引っかかって真珠湾を奇襲したのなら、「リメンバー・パールハーバー」とか「卑劣な日本」といわれる筋はなく、「米国こそ卑劣だった」と反論ができ、宣戦布告なしに奇襲した日本の「免罪符」にもなる。

第一次大戦以降の米国世論は建国精神のモンロー主義（他国不干渉主義）を決めこんで、

戦争不介入に閉じこもったままだった。ナチスの台頭でヨーロッパには第二次世界大戦が起こり、友邦のイギリスがナチスと熾烈な戦いを始めたのに、一九三五年にできた中立法によって参戦はおろか、武器援助もできず焦っていた。ルーズベルトは、大統領選挙立候補に際して、アメリカの中立法を守り、若者を戦場には送らないという選挙公約を掲げて当選を果たした。民主主義国の選挙で選ばれた大統領が選挙公約を破ることはできない。だから表だった戦争はできない。

ところが、日本が先にアメリカを攻撃することがあれば、米国世論は不干渉主義から抜け出して参戦を認めるだろう。だから日本に無理難題を押しつけ、圧力をかけ石油を禁輸し資産を凍結するなどして、追い詰められた日本が最初の一撃をかけるよう仕向ける。こういう「裏口からの参戦計画」をルーズベルトは練っていたのではないか——。

このような希望的な話をつなげて実際に起こった歴史事実を捻じ曲げようとする。真珠湾をめぐるルーズベルト陰謀論とは、「歴史修正主義」の代表的な物語なのである。もしそれが正しいのなら、日本軍はルーズベルトの陰謀のおかげで易々と真珠湾攻撃ができたという話になり、日本海軍の実力でも何でもなかったことになる。

陰謀論の心理的融和作用

他国不干渉のモンロー主義と孤立主義に閉じこもった米国は、自ら提唱した国際連盟に参加しなかった歴史がある。戦後の日本が憲法で戦争放棄を書いたのと類似的だった。

もしもナチスがヨーロッパの戦争で勝利すれば、米国の安全保障にとって重大な脅威となるだろうと考えたのは、ホワイトハウスや陸海軍指導者や国務省の官僚、一部のジャーナリズムにすぎなかった。第一次世界大戦後の経済の繁栄とその後の大恐慌もあり、米国国民と世論は保守化し、外国には無関心で、富裕層は豊かな生活を破壊する戦争を嫌った。

大統領や米国議会やジャーナリズム界に大きな影響力を保ち続けたジャーナリスト、ウォルター・リップマンの名著『世論』は、第一次世界大戦後の国際連盟に参加しないという公約を掲げた共和党への支持に、米国世論が転回したことを嘆いた書でもある。世界の大国アメリカが、「国際平和」という崇高な理念を政争の具にしてモンロー主義に立てこもり、国際連盟に参加しなかったことが、戦後のナチスの台頭と第二次世界大戦の遠因になったとリップマンは考えていた。

確かにリップマンの言うとおり、もし大国アメリカが国際連盟に参加して影響力を行使して睨みをきかせていたら、満州事変を批判された松岡洋右はあのように大胆に連盟脱退宣言はできなかったかもしれないし、欧州のヒトラーの征服もあれほど簡単ではなかったかもしれない。

ハーバード大学に残るように促されるなど将来を嘱望された学生だったリップマンが、あえて茨の道を選んだのは、世論に影響を与える米国の新聞の使命の重要性に気がついたからだった。民主党のウィルソン政権が提唱した国際連盟案に反対した野党共和党は、建国精神の不干渉主義を提唱しこれを大新聞が支持したことで新聞に影響された世論は共和党を勝利させた。この選挙でアメリカは国際連盟に加盟しなかったことに、リップマンは大いに落胆したのだった。

アメリカが連盟から抜ければまたすぐに第二次世界大戦が起こる、とリップマンは考えた。そこで、アメリカが道を誤らないためには、良い新聞を作ることだと若きリップマンは信じ、ジャーナリストになった。

さて、ルーズベルトの陰謀に引っかかった戦争という解釈は、真珠湾で痛打されたアメリカ人の心の傷とトラウマを幾ばくか癒すことができ、一方、「卑劣なジャップ」「宣戦布告なき奇襲攻撃」と非難された日本人のプライドを救ってくれるのも確かだろう。ルーズベルト陰謀論の真偽はともかく、太平洋を挟んだ日米両国で語られた陰謀論は、格好の心理的融和作用の効果があったといわざるを得ない。

歴史修正主義者の野望

先述の須藤眞志によれば、ルーズベルト陰謀説の種類には三つのパターンがあるという。

「一、ルーズベルト政権は日本の真珠湾攻撃を予測する十分な情報を得ていたにもかかわらず、故意にそれをハワイの司令官たちへ送らなかった。

二、ルーズベルトは日本の真珠湾攻撃を知っていたにもかかわらず、日本の攻撃を成功させるべくハワイの太平洋艦隊をオトリに使った。

三、ルーズベルトは日本に経済的圧迫を加えて挑発し、日本に武力発動させた」というものだ（「真珠湾陰謀説の系譜」『検証・真珠湾の謎と真実』所収）。

確かに、日本の外交暗号（パープル暗号）のマジックを米軍部は解読しており、一二月七日に日本外務省が駐米大使館に発出した「対米覚書」の関連電報数通は、野村大使がハル国務長官へ渡す前に解読していた。

その日本発出電報の頻度の高さと内容から米軍は警戒レベルを高めていたのは事実だが、もしあるとしても、日本の急襲攻撃の目標はマレー半島かフィリピンかタイなどの東南アジア方面だと想定し、その方面には高度の警戒警報を出していた。しかしハワイの太平洋艦隊司令長官キンメル大将、ショート陸軍司令官には対米覚書情報の事前の連絡がなかったとされる。

チャーチルとは緊密な連絡をとっていたルーズベルト政権は、英国領土やフィリピンの危険は考えていたが、日本が真珠湾奇襲攻撃に出ることは予想していなかった。

その証拠にハワイのオハナ基地のレーダーが日本軍襲来らしき機影を捉えたが、この報告を新米の上司が握りつぶしていたという。まだ艦員が暁の眠りの中にいたのか、朝食前の戦艦アリゾナが撃沈され、別の戦艦の兵士たちは甲板に集合し軍楽隊の演奏で朝礼をしている最中に、飛来した日本軍の空爆に遭い、うろたえ逃げ惑った。

ワシントンでは日曜の朝の乗馬を楽しんだ軍幹部のマーシャル大将がワシントンからハワイのキンメルに民間の電話会社を使って電話した時はすでに真珠湾は攻撃されていた。

この日本軍奇襲攻撃で兵士および民間人約三五〇〇人が死亡し、陸海空からの反撃がまったくできなかったハワイ艦隊は海の藻屑と化し、壊滅的打撃を受けた。

ルーズベルトが本当に真珠湾を知りながらオトリに使ったなら、これは大統領の犯罪となり、米国議会の弾劾の対象になるし、米国世論が許すはずはない。民主主義国家の原理を尊重する立場から見れば、「アメリカの青年を戦場に送らない」と選挙で公約した大統領が、公約を破る裏口作戦の陰謀を働くことなど、常識では考えられない。

ましてや名誉を重んじたルーズベルトにあるまじき奇想天外な陰謀論なのだが、これが日米で流布した理由は、真珠湾がそれほど衝撃的な大事件だった証と考えることができる。戦後に起こった戦争でも、ベトナム戦争やイラク戦争は米国の間違った戦争だったとする判断がすでに定着しているが、それよりずっと前の真珠湾は、戦後七〇年を経た現代でも、未だにシロかクロかをめぐる論争の種が尽きてはいない。歴史の事実を書き替える歴史修正主義者の野望と罠がその隙間に忍び込み、宣伝によって世論を歪める日米のマスメディアの構造も存在している。

スティネット書に見られる新説の展開

真珠湾の謎と陰謀に関しては世界中で多くの本が出ているが、きちんとした事実検証がなされた研究書は少なく、商業主義的な推理小説の域を出ない読み物が多い。

米国でベストセラーになったロバート・B・スティネット『真珠湾の真実――ルーズベルト欺瞞の日々』という本がある。二〇〇〇年に刊行（邦訳は翌年）されたこの本はルーズベルト陰謀論としては新しい部類に入る。

「裏口からの米国の参戦」を正面から描くとし、日独伊枢軸に対抗して、ワシントンの海軍情報部（ONI）で作成された秘密外交政策文書の発見により、日本を挑発して対米戦争を仕掛けさせようとするルーズベルト政権による謀略作戦のプログラムの存在が明らかになったというストーリーである。

この文書は海軍情報部の日本通とされるマッカラム少佐が作ったといわれるか、マッカラムにはこんな個人的な事情があった。

「関東大震災後、彼は米海軍からの救援活動の調整に当たった。米国の援助は好意から出たものであったけれども、尊大で自負心の強い日本人は『異人』の救援活動を心よく《ママ》思わなかった。それから約二十年後マッカラムは、太平洋を支配せんとする日本の残忍な政策にアメリカを干渉させることにより、彼自身であの時の恨みを百倍にして返す仕事を引き受けた」というから、かなりの反日的人物でもあったようだ（『真珠湾の真実』妹尾作太男監訳、文藝春秋、二〇〇一）。

物語はCBSラジオのアンカーマン、エドワード・R・マローの特ダネ話から始まっている。マローといえば、戦後の米国を恐怖に陥れたマッカーシズムの陰謀を暴露したことで有名だが、ルーズベルトの信任が篤いジャーナリストだった。マローは真珠湾攻撃があった夜、ルーズベルトと個人的に深夜の会見をしているが、そのとき「我が人生の最大のスクープ」と妻に語ったという特ダネを摑んだというのである。しかしその特ダネが何かマローは話すことはなかったし、もちろんラジオで放送したり新聞に書いたりすることもなかった。

結局、マローはこれについては沈黙したまま一九六五年に死亡したというが、この特ダネに関する真偽は定かではない。

ベトナム戦争のレポートで著名なニューヨーク・タイムズのＤ・ハルバースタムが書いた『メディアの権力』に、ＣＢＳのマローのストーリーが出てくるが、この特ダネ話の件についてハルバースタムは一切、触れていない。電波ジャーナリズムの始祖と呼ばれたマローの名が出てきたことにつられて、私はこのスティネットの本を読み始めた。しかしルーズベルト陰謀論の顚末は期待はずれだった。

第二次世界大戦で、「ルーズベルトの声が電波に乗った初の偉大な大統領の声ならば、マローの声は電波に乗った初の偉大なプロの声だった」とハルバースタムは書いている（『メディアの権力1――勃興と富と苦悶と』筑紫哲也・東郷茂彦訳、サイマル出版会、一九八三）。

ヒトラーがポーランドに侵攻し、フランスをも席巻するころ、ロンドンに駐在していたマローはウィーンに飛び、ＣＢＳラジオを通じて数日間、ぶっ続けに戦争報道をした。イギリスは苦戦しており、イギリス国民は米人ジャーナリスト、マローの放送にアメリカ参戦への期待を託していた。まだ三三歳そこそこだったが、マローはアメリカでも影響力のあるジャーナリストの一人だった。

一九四一年一二月、ロンドンにいたマローが米国に帰国した時、ルーズベルトの非公式なホワイトハウスの夕食会に招かれた。招かれた理由は、「イギリスやヨーロッパの事情に通じたマローの判断を聞きたい」との大統領の要請だった。夕食会はかなり遅れて始まった。夕食会のその日は一二月七日、真珠湾攻撃の日だった（ハルバースタム、前掲書参照）。

このときの大統領とマローの会話の内容は誰も知らない。ルーズベルトは日本軍の真珠湾奇襲を受けて、翌日の議会で宣戦布告の承認を求める演説を行う予定だった。米国は第二次世界大戦に参戦することになったとルーズベルトは話し、すでに戦時体制下にあったロンドンの事情をマローから聞いたのだろうと推測できる。ところが、スティネットの本はこのときにマローが聞いたという〝特ダネ〟が基になっているのだが、その特ダネが日本の奇襲攻撃と関係していたのだろうか。

一二月七日の夕食会の日程は事前に設定されていたし、その時点で真珠湾攻撃があることは誰も知らない。たとえ知っていたとしても、大統領がぺらぺらと極秘の陰謀話を辣腕のジャーナリストに話したとは思えないし、マローを知るハルバースタムは、真珠湾の日の夜にマローが大統領と約束の食事をしたことは書いているのだが、それ以上の情報は何も書いてはいない。何かあれば第一にハルバースタムが書くはずである。

中立法改正で苦闘し、孤立主義の米国世論から何とか抜け出したいと考えるルーズベルトにとって、日本の真珠湾奇襲は天佑のような事件だったかもしれないが、スティネットのこの本はあからさまにルーズベルトの「陰謀」を追及する仕立てになっている。ルーズベルトは真珠湾攻撃を事前に知っていたのではないか。だから「真珠湾攻撃の話を聞いたルーズベルトは周りの者よりは驚いていなかった」などの記述がある。

ルーズベルトはもともと落ち着いた性格で、物事に慌てふためくことがなく、真珠湾奇襲の時にも冷静に対応していたと、妻のエレノアは語っている。しかしルーズベルトが、米英で信頼されたジャーナリストの鑑とされたマローに、陰謀話などをするという設定そのものがおかしいと考えた。

結果的に陰謀がなかったことを立証

ところで、スティネットの本の核心は、「米軍は真珠湾前に日本の海軍暗号を解読していた、従ってルーズベルトは日本軍が真珠湾奇襲することも知っていた」という新説の展開である。従来の定説では、暗号解読は外務省の外交暗号の解読（マジック）までで、日本の海軍暗号の解読は真珠湾前はできていなかったということになっていたが、スティネットは定説を覆す主張でルーズベルト陰謀説の立証を試みたというわけだ。

「真珠湾を攻撃するよう、ルーズベルトが慎重に仕向けたのではないか。米国が人目につかない（戦争挑発）行動を先にとっていたのではないか。一九四〇年十月七日に作成され、ルーズベルト大統領に採用された、ある極秘戦略覚書によると、そうした行動がいくつか、実際にあったのだ」とスティネットはいう（スティネット、前掲書）。

この著作は日本でも著名な論客が絶賛する書評も出現した。同書の解説を書いている京都大学教授・中西輝政は、「知性の徒を自任している歴史家や知識人にとって『陰謀説』と言われるような議論に与するにはどうしてもためらいが残ってしまう」といいながら、読み進めるうちに「この本は『五十年にわたったモヤモヤ』を取り払うだけでなく、決定的ともいえるいくつかの重要文書を含め、厖大な新史料の発掘によってこの論争に実質的にピリオドを打つものだと感じさせた」と書く（同書解説）。

中西はさらに、「戦争を嫌う大多数のアメリカ国民の迷妄を覚ますためには、（略）日本を体系的に挑発していって『最初の一発』を射たせる陰謀を企てたことは『疑いなく正しい選択』であったのだから、真実を堂々と明かせばよいのだ、という立場で一貫している。このことがまた間接的に本書の信憑性を高めている」と指摘し、「開戦通告の伝達をめぐる日本外務省の『世紀のヘマ』があったにせよ、さらにミッドウェー以後は全く無惨な敗北の連続であったとしても、戦後も長くあの『山本五十六神話』のハイライトでありつづけた〝真珠湾の快挙〟が、その細部に至るまで実はアメリカ側の監視の下に行われた、〝児戯〟にすぎなかったことが、本書の中で綿密な史料によって跡づけられている」と書いている（前掲解説）。

たしかに興味をそそられる内容ではあるが、問題は海軍暗号を真珠湾前に本当に米軍が傍受しただけでなく、内容を解読していたかどうかである。この解読仮説が間違っていれば、この本の構想は崩れてしまう。

この点に関し、『検証・真珠湾の謎と真実』を編纂した軍事史の専門家・秦郁彦は、スティネットが真珠湾前に海軍暗号を解読していたというのは間違いで、中西が「ルーズベルト陰謀説にピリオドを打った」というのは逆で、結果的に陰謀がなかったことを立証したという意味で「ピリオドを打った」と指摘する（秦郁彦、「スティネット『欺瞞の日』の欺瞞」、前掲『検証・真珠湾の謎と真実』所収）。

秦によれば、スティネットが真珠湾以前に米海軍が日本海軍の主暗号（DまたはJN－25b）を解読した根拠を示していないという。日本の海軍暗号が破られたのはミッドウェー海戦で大敗した時点以降だった。またスティネットのインタビュー記録に登場するのはハワイとコレヒドールに勤務した「傍受員」で「解読者」ではない。スティネットは無電の傍受と解読をすり替えている。あるいは終戦後に解読したものを真珠湾前に解読したかのようにすり替えている、と秦は指摘する。

また機動部隊がハワイに進軍中は厳重な無電封鎖が行われており、スティネットのいうように日本海軍はガラガラと無電音を出しながら太平洋を進んでいたわけではない。しかも日本海軍は米側に機動部隊の無電封鎖を気取られないために、多くの偽電工作をしていた。内地近郊に居る戦艦や航空部隊を使って偽の交信を演出し、あたかも空母赤城が南下しているように見せかけたりした。このために無電傍受の記録ならたくさん出てくる、と秦は指摘している。

さらに、スティネットが解読例として挙げている日本海軍の暗号は、第一章で述べた山本五十六司令長官が発したという「ハワイ沖八〇〇カイリの待機地点」に関する電令と同じだが、実はこの電令は実在していないといわれる。秦はマッカラムの「対日開戦促進計画」の八項目を調査したが、タカ派の少数派だったマッカラムの計画が実行に移された形跡は乏しく、ルーズベルトが実際に計画書を読んだかどうかも疑わしい、と述べている。

日本海軍のD暗号解読については、英国軍のほうが早く、一九四〇年五月には簡単なものは解読していたといわれる。しかし米国海軍は遅れて「四一年四月ころには完全に解読できる見通しがついたが、日本海軍は四〇年一二月一日にこの暗号（JN‐25a）をJN‐25bに更新、解読作業は振り出しに戻った」と元海軍大尉・左近允尚敏はいう（「通信情報戦から見た真珠湾攻撃」、前掲『検証・真珠湾の謎と真実』所収）。

また日本語短波放送を使ったとされる「東の風、雨」という日米開戦を意味するウインド・メッセージ（風暗号）に関して、米海軍は聴取を指令していたというが、これの正確な聴取記録は残っていないという。スティネットは米両院調査委員会の調査でウインド・

メッセージが放送されなかったことが判明したとしている。

しかし英国軍で日本海軍の暗号解読をしていたエリック・ネイヴとジェイムズ・ラスブリッジャーの共著『真珠湾の裏切り——チャーチルはいかにしてルーズヴェルトを第二次世界大戦に誘い込んだか』（大蔵雄之助訳、文藝春秋、一九九一）によると、一九四一年一二月四日早朝、日本の真珠湾攻撃前にオーストラリア特別情報機関（SIO）の海軍大尉がメルボルン近郊のパーク・オーチャーズ無線傍受基地で、部下の通信士が日本語放送のニュースの天気予報の中で、「東の風、雨」という言葉を聞きとったことをネイヴに報告したという。

日本軍のスパイとして真珠湾に潜行していた吉川猛夫も、ホノルルの領事館員がこの放送を聞いた、と『真珠湾スパイの回想』に書いている。また「英国では香港で七日に聴取された」という話を前掲論文で左近允尚敏が書いている。傍受されたという証言は複数あるのだから、ウインド・メッセージは存在していたはずだが、その実効性には不明な部分がある。

実はスティネットの本は読み物としてのスリリングな魅力も手伝って、「卑劣なジャップ」のシンボルとなった真珠湾が「実はルーズベルトの陰謀だった」という願ってもないストーリー展開なので、この種の本としては日本では例外的な人気を博したことになる。

この点について、秦郁彦は「修正主義者たちの最新版」と揶揄しているが、とりわけ日本悪玉説の歴史の修正を主張する右派系の論者が好んでスティネットを取りあげたので、この本の流行現象に、秦のほうが逆に驚いたらしい。

秦はスティネット批判によって、ルーズベルト陰謀論は成立しないことを、逆に論証している。仮にルーズベルトが真珠湾を事前に知りながらハワイの米軍責任者のキンメルやショートに知らせず、日本の攻撃を待っていたというなら、ワシントンの国務長官ハルなどのホワイトハウス閣僚や軍内部にも同調者を何人か作っておく必要があるが、そういう具体的な証拠もない。「ルーズベルト陰謀論者は、一つだけでも決定的証拠を見つければ十分なのに、『状況証拠』しか出てこないのがルーズベルト陰謀論の特徴」と指摘している（秦郁彦、前掲論文）。

証拠がないという点では、須藤も同じ考えだ。過去に出版された陰謀論の主だった本を精査した須藤は、「ルーズベルトが日本との戦争を望んでいたであろうということは推測されるが、それがヨーロッパ戦争に参加するための裏木戸参戦のための真珠湾の陰謀であったということを証明できるものではない」としている（須藤、前掲論文）。

GHQに勤務し日本に駐在した歴史学者ゴードン・プランゲは、空襲時の焼失や終戦時の日本政府と軍部の廃棄処分から免れた戦前、戦中の膨大な日本関連資料を収集したことで知られる。収集した大戦時の資料を米国に持ち帰り、メリーランド大学にプランゲ文庫を作った。

プランゲは三〇年の歳月をかけて収集した史料を調査して、真珠湾を描いた著作『トラトラトラ』や『真珠湾は眠っていたか』などを著したが、「修正主義者がいう陰謀論を実証する一遍の資料も証言も発見しなかった」と述べている。ルーズベルト陰謀論をめぐる論争に関しては、秦、須藤、プランゲといった日米史料に通じた専門家の見解は一致している。

ルーズベルト戦争責任論

しかしルーズベルト陰謀論にはもう一つの系譜がある。それは主として米議会の政敵である共和党の保守派側から提出された戦争責任論の問題である。実は、こちらはルーズベルト陰謀論というより、ルーズベルトの戦争責任を問うより本質的な問題を含んでいる。

アメリカのルーズベルト責任論は、日本軍の真珠湾奇襲でハワイの太平洋艦隊が壊滅的な打撃を受け、米国人兵士と民間人を含め約三五〇〇人の生命が犠牲になった責任を、ハワイの太平洋艦隊司令長官キンメルとハワイ陸軍司令官ショートに押しつけるだけで済まされるのかということだった。

戦時下の一九四二年のロバーツ委員会（ロバーツ判事が率いた大統領委員会）の調査報告はキンメル、ショートの責任を強調したが、ルーズベルトの病死後から四五年八月の終戦後にかけて、キンメル、ショートの名誉回復問題も含め、真珠湾の責任追及の本格的動きは米国マスコミや議会で高まっていた。

戦後四五年九月に新たに発足した連邦議会の真珠湾合同調査委員会は、多数派の民主党が戦時下のロバーツ委員会の結論をなぞりつつ、新たに提出された陸海軍の調査結果を加味した内容だった。問題はハワイのキンメル将軍とショート大将の「職務怠慢なのか判断ミスなのか」をめぐる責任論へと再び収斂していた。

報告書の書きだしには、「一九四一年十二月七日の真珠湾への攻撃は大日本帝国による、言われなき侵略行為であった。この裏切りの攻撃は、日本政府に特徴的である不誠実な指示を受けた大使と特使が、太平洋における日米間の紛争のタネの友好的な解決を目指して合衆国政府と交渉しているように見せかけている間に計画され、着手された」とある（チャールズ・A・ビーアド『ルーズベルトの責任——日米戦争はなぜ始まったか』開米潤監訳、藤原書店、二〇一二）。

日本を裏切り者の侵略者と規定していることには変わりはなく、もちろん、陰謀に引っかかった犠牲者などとは書いていない。

しかしルーズベルト政権の意向を汲んだロバーツ委員会報告と陸海軍報告書の内容には相互に矛盾があり、議会では「真珠湾の惨事の真の責任者は誰かはっきりさせるべきだ」という意見が、主として共和党議員を中心に続々と出てきた。『ニューヨーク・タイムズ』は「真珠湾審判のお寒い現状」というコラム（四四年一二月五日）の中で、もし報告書の矛盾が陸海軍の追加報告によって改善されなければ、連邦議会が「国民と連邦議会自身のために事実をみつけ出そうとするだろう」と書いた（『ルーズベルトの責任』参照）。

もともと米国の新聞やジャーナリズムは日本と違い、政府や軍部の見解をそのまま載せる大本営発表ではない。特にアメリカの大新聞は自由な言論で国民世論をリードするので、政治家たちはたえずマスコミ論調に気を配っている。この時期、『ニューヨーク・タイムズ』のほかにも、『シカゴ・トリビューン』『ワシントン・タイムズ・ヘラルド』『ニューヨーク・デイリー・ニュース』などが同様な記事を書き、「キンメル大将、ショート中将に対する政府の告発はすでに無効になっている」という報道が出回っていた。それまで新聞の批判を受けなかったルーズベルト政権の実力者マーシャル大将、ハル国務長官、スタ一ク海軍作戦部長らへの批判が新聞の大きな見出しに躍るようになっていた。

米国ジャーナリズムが積極的に真珠湾の真実は何かを取り上げるようになり、開戦時には抑えられていたルーズベルトの責任論が噴出してきた側面が強い。また米国の主要な新聞論調を分析しながら、ルーズベルトの戦争責任を問い続けた信念の歴史家といわれるビーアドの大著『ルーズベルトの責任』は、戦後間もない一九四八年に出版された本である。

ビーアドは、「アメリカは戦争に巻き込まれてはならない」という立場をとり続けた保守派の知識人で、開戦には終始反対し、ルーズベルトが不戦の中立主義をとり続けようとしたアメリカ人を戦争に巻き込んだと考えて、その戦争責任を追及した。

ビーアドは著書で公式の記録のほかに新聞記事の引用を多用しているが、「頭の良い新聞記者が書いた記事は他の記述に勝る」とし、新聞記事や新聞論調を重要な資料として駆使している。あるいは、自分の意見表明を控えてあえて新聞記事に代弁させ、「事実に依って事実を語らしめて」いる。信頼されるジャーナリストの記事は比較的公正な立場で書かれており、特定の政治的立場のバイアスが少ないとビーアドは考えていた。

ところで、真珠湾の惨劇を招いた政府と陸海軍の開戦時の責任はどのような形で追及されたのか、議会、政治家、新聞などが問題にしたルーズベルト政権に対する疑問点を、ビーアドがピックアップした項目は以下のようなものだった。

I　開戦日の一二月八日、ワシントン時間午後一時に、日本政府が最後通牒の「対米覚書」を米国国務長官まで手交せよと大使館に発出した暗号電報を解読して、日本の開戦意図は把握できたのではないか。日本軍がパナマ運河、フィリピン、東南アジアのどこかで軍事行動する可能性は予見できたのに、なぜハワイへの警戒を怠ったのか。

実は真珠湾攻撃の前、日本の二人乗りの小型潜水艇が海軍に発見され撃沈され、日本軍兵士一人が捕虜になったが、このとき大規模なハワイ攻撃を予想しなかったのか。

Ⅱ　真珠湾奇襲前の一一月二六日に日本大使へ手渡したハル・ノートは、日本側にとって妥協の余地のない「最後通牒」ないしは宣戦布告だったと捉えられている。なぜルーズベルトはハル・ノート提示を議会に諮ることをしなかったのか。

Ⅲ　一九四一年八月、ルーズベルト－チャーチルの間でなされた大西洋会議における秘密協定（日本の南進阻止の合意）その他は存在したのか。この会談の目的は何だったのか。

Ⅳ　近衛・ルーズベルト太平洋会議はどうして挫折したか。なぜルーズベルトは近衛の要請を断ったのか。

Ⅴ　日米交渉で米側はなぜ中国からの日本の全面撤退を迫ったのか。日本に妥協の余地を与えず、ナチスドイツとの戦争にアメリカの参戦を願う英国チャーチルとの密約があり、真珠湾に日本をおびき出して「裏口からの参戦」を企んでいたのではないか。

Ⅵ　ハワイの工作員が真珠湾の戦艦の停泊状況や防備体制を詳細に報告していたことをアメリカ側は傍受していたのに、なぜこれへの警戒を怠ったのか。また、それなのにワシントンとハワイの当局者は真珠湾攻撃に驚いたと証言しているのはなぜか。
Ⅶ 証言しているが、（対日強硬派の）スティムソン陸軍長官だけは、日本の真珠湾攻撃に驚かなかったと証言しているが、ハル国務長官は、一一月二七日に「日本との関係は終わり、問題は陸海軍の手中にある」といった。ハルはなぜ、外交から戦争へ引き継ぐ言葉を発したのか。ルーズベルトは日本を「誘導」しながら、連邦議会に戦争遂行の権限を要請せずに日本が「最初の一発」を撃つのを待っていたのではないか。

これらの疑問に対して、陸海軍の報告書はロバーツ委員会の報告の線に沿いながら、「ハワイの司令官たちが犯した過ちは判断の過ちであって、職務怠慢ではなかった」としながらも、キンメル将軍、ショート中将の過失そのものは認めた。これに対しキンメルは「反論書」を提出し、戦後、長い間尾を引いた「名誉回復運動」につながった。こうしたキンメルの名誉回復運動が米国の「歴史修正主義」の根拠にもなった。

戦後の一九四五年九月、陸海軍の出した結論書には、「一九四一年一二月七日の真珠湾攻撃は大日本帝国による侵略行為で、この結果責任はすべて日本が負うべきものである。日本政府の不誠実な指示を受けた大使が、アメリカと交渉しているように見せかけて、真珠湾奇襲計画を練った。攻撃部隊は強力で熟達していた」とルーズベルトの議会演説に沿う形で日本側の責任を強調している。

しかも米国の外交交渉では日本への挑発行動は行っておらず、国務長官は、日米交渉の進捗の十分な情報を報告し合衆国と日本の関係が外交段階を過ぎて、軍部の手に移ったことを指摘していた。真珠湾奇襲が、アメリカが日本との戦争を回避するために、大統領と国務長官、政府高官たちがあらゆる努力を払った結果だったというのであった。

しかし真珠湾の惨事（人的、物的の甚大な損害）は、米国海軍と陸軍の大失態であり、敵が近づいており、戦争が迫っていたことを察知できず、対策を何ら講じていなかった。なるほど日本があのタイミングで真珠湾艦隊を攻撃することは予想外だったが、日本があのような奇襲攻撃をする先例を見れば、ハワイ空襲の危険性を十分に認識するか、少なくとも可能性があることはわかっていたはずだ。そしてハワイの司令官が防衛上必要な責任を果たしていなかったと、具体的に十数項目にわたって指摘した。

委員会は質問の細部には答えず、焦点をずらした回答であるとビーアドは批判し、ワシントンのジャーナリスト、デイヴィッド・ローレンスの書いたコラムを紹介、報告書を痛烈に批判している。

「報告書は巧妙に展開されている。報告書は何が起きたのか、事実に基づいて記し、重要な部分を章に分類し、それぞれに項目をつけている。未来の歴史家たちがそうした項目に込められた、隠そうとしても隠しきれない意味を読み損なうことはないはずだ。（略）すなわち、それぞれの任務に責任を負っていて、それを効果的に果たせなかった個々人に責任があるということだ。（略）次代の歴史家は、一九四一年十二月七日時点で、誰が陸軍省と海軍省で部下を指揮する立場にあった陸軍参謀総長であり、海軍作戦部長だったか、そして誰が陸軍と海軍の最高司令官であったかを調べたうえで、真珠湾事件の報告書の主要な項目を読みさえすればよい。そうすれば、共和党も民主党も、各項目について全会一致で賛同していることが分かる。（略）これは〔真珠湾での大惨劇について〕何が起きたのかに関するまさに全会一致の報告書なのである」（ビーアド、前掲書）。

ビーアドは米国の建国精神に準じて旧大陸の問題には関与しないという不戦の理想のもと、「ヨーロッパの戦争に参加しない」という旗を掲げていたので、ルーズベルトの参戦の論理が理解できなかったのだろう。

したがって、ビーアドのルーズベルト責任論は必ずしも「歴史修正主義者」のそれではなく、あくまで建国精神に忠実なアメリカの歴史を記述するために、開戦時の事実を隠蔽したルーズベルト政権に対する異議の表明であったと思われる。

ルーズベルトの責任を追及する歴史家ビーアドは詳細な資料を収集、これを公正に紹介しているので、特に自分の政治的立場のみの強調に終わってはいない。しかしより原理主義的な不干渉主義者、モンロー主義者だったビーアドは米国の建国精神に準じる保守本流をゆく思想家といえる。

共和党重鎮によるルーズベルト責任論

米国で影響力があったもう一つのルーズベルト責任論は、政敵でもあった共和党の重鎮ハミルトン・フィッシュによるものである。フィッシュは『ルーズベルトの開戦責任』を一九七六年に書き、その戦争責任を激しく追及した。彼は伝統的な保守的モンロー主義者（不干渉主義）かつ反共主義者で、ルーズベルトの社会主義的なニューディール政策を嫌っていた。「ルーズベルトはニューディール政策の失敗による経済的打撃から回復したいためにに参戦を考えていた」とフィッシュはいい、「そのために日本を利用し、裏口から対ドイツ戦争を始めた」という（『ルーズベルトの開戦責任――大統領が最も恐れた男の証言』、渡辺惣樹訳、草思社、二〇一四）。

英国のチャーチルと四一年に行ったニューファンドランド島沖の大西洋会議（大西洋憲章の合意）は英国の東アジア植民地の利権をいかに守るかの会議であり、会合の中身は秘密とされた。しかし会議の内容をチャーチルは英国議会で明らかにしたが、それは「アメリカが攻撃されない場合でもアメリカが東アジアで参戦できるか否かで打ち合わせた。アメリカの参戦はわれわれの勝利を確実なものにする。この打ち合わせをしたことで私の心は幾分落ち着いた」というものだったとフィッシュは書く（前掲書）。

しかしこのチャーチル談はチャーチルが主観的にそう考えたもので、米国に参戦意図があるかどうか確かめることで自分の安心感を醸成したというだけという見方が強い。チャーチルは「日本が今後も南太平洋への侵略を進行させたら英米両国は対抗措置をとる」という共同声明への署名をルーズベルトに要求したが、ルーズベルトはこれを断っている。

しかしフィッシュは、「チャーチルは陰謀の共犯者であり、ルーズベルトは四一年の一一月二六日議会には内緒で『ハル・ノート』の最後通牒を日本に突きつけて、アメリカ財務省の金庫の扉を開放し、四年間にわたって三五〇億ドルの軍事費が大英帝国のために消費された」と激しいチャーチル批判を展開している。

しかし大西洋会議に関しては、公式には有名な大西洋憲章が出されただけで、会議後の記者会見でもルーズベルトは米国の参戦問題に関しては何も語っていない。

米国務省編纂の『平和と戦争』によれば、大西洋会議で発表された大西洋憲章についてルーズベルトが語ったことは、「この共同宣言は我々の形態の文明が追求すべき価値ある目標を示すものである」とし、ナチズムとの妥協や多数の被占領諸国を支配する国家を是とするか、反対するかの宣言であり、「宗教の自由と知識の自由に対する世界の要求を含むものである」という内容だった。

この国務省記述は間接的には日本の中国侵略や三国同盟参加にも言及しているかもしれないが、大西洋会議の真の狙いはナチスドイツ対策だった。

この会議でフィッシュの指摘するような日本を誘い込む陰謀が語られた証拠は何もない。チャーチルが東南アジアの英国植民地保全を脅かす日本の南進に対して強い警告を発するべきだと主張したのに対し、日本を刺激するのは控えるべきだと主張したのがルーズベルトだった（ハーバート・ファイス『真珠湾への道』参照）。

うかつに日本と早期に開戦すれば、大西洋でドイツと戦う場合の戦力が削がれる。海軍出身のルーズベルトは太平洋と大西洋の二正面作戦を実行するには米海軍の力がまだ不足しており、いずれ日米開戦はあったとしても、できるだけその先延ばしを考えていた。

フィッシュは、真珠湾奇襲の翌日、ルーズベルトが議会で行った「卑劣な日本」演説に大いに共感したが、後日になって、ハル・ノートが議会には通告なしに無断で出されたことを知り、ルーズベルトは議会に黙って日本を真珠湾奇襲に誘導したという思いに駆られたようである。フィッシュは、ルーズベルトが大統領選挙公約に反してアメリカを不要な戦争へ導き、議会を無視して国民を騙したと考えた。

やがて「日本こそルーズベルトに挑発され誘導されて真珠湾に追いこまれた」という英

国のある閣僚の発言を引用して、ルーズベルト陰謀論を説くに至った。

フィッシュは日本のルーズベルト陰謀論者にも好まれているようだが、なるほど、「真珠湾奇襲をさせて戦争を仕掛けたのはルーズベルトだった」という目の覚めるような陰謀論に、真っ先に我が意を得たりと反応したのは日本の修正主義者だったであろうことは、想像に難くない。

アメリカ側の陰謀論の主張の骨子は、「ルーズベルトは不干渉主義、中立主義の世論と建国精神に反する戦争をやった」という点なのだが、フィッシュのような逆転の陰謀説がアメリカから出てくれば、日本ではこれが「太平洋戦争」の正当化に使うのにうってつけとなる。

「開戦の罠にはめられた被害者」

真珠湾奇襲はルーズベルトの陰謀に引っかかった戦争だったから、宣戦布告がなかったとしても日本に罪はないという「免罪符」にも使える。フィッシュのルーズベルト陰謀論が日本で好まれる理由はこの点にある。アメリカで開戦責任を問われたルーズベルトの責任論が、日本に輸入されると、「開戦の罠にはめられた被害者」という願ってもない自己正当化の図式にすり替わるのである。

ところで、実際のルーズベルトは陰謀をこらすどころか、日本の政治指導者への不信感に満ちていた。対米強硬派の外相・松岡洋右を更迭した近衛内閣成立に関連して、側近にこんな雑談をしている。「日本人は仲間うちでまさに足の引っ張り合いと殴り合いの闘いをしていて、この一週間、どの方面に打って出るか――ロシアを攻撃するか、南海を攻撃するか（そして国運を決定的にドイツに賭けるか）、あるいはどっちつかずの態度を取り続け我々ともっと仲良くするかを決断しようとしてきた。彼らの決断がどうなるか誰にも分からんよ」（ドリス・カーンズ・グッドウィン、『フランクリン・ローズヴェルト――日米開戦への道』砂村榮利子、山下淑美訳、中央公論新社、二〇一四）。

ところが、開戦当時に外務省で対米交渉を直接担当していたアメリカ課長・加瀬俊一は、外交官時代を回想した『日本外交の決定的瞬間』のなかで、ヒトラーは自重して対米戦争には動かなかったので、「（ルーズベルトは）日本を挑発し、日本から進んで事を構えさせ、これによって受けて立つ態勢をつくって、一挙に国論の団結をはかろうとした形跡がある」と書いている。松岡と親密だった加瀬もルーズベルト陰謀論に加担している。

実は日本側の通告遅れが問題になった「対米通告文書」や「大至急符号」をつけ忘れたとされる「七日午後一時に米側に手交」の最重要電報にアメリカ課長だった加瀬は関知していなかったのだろうか。

実質的には日本側の宣戦布告になった「対米覚書」は、米側に一時間二〇分も遅れて届き、届いた時にはすでに真珠湾攻撃が始まっていた。最大の争点になっている通告遅れのこの件で、加瀬は外務省の当事者だったのである。

国務長官ハルは「出来あがった文書の一枚でも指定時間内に届けたらどうだったか」と回想記に書き、怒りを露わにした。ハルやルーズベルトの怒りの対象は日本側の奇襲攻撃以上に、この通告時間遅れの「不誠実」だった。ルーズベルトが翌日の議会演説で「卑劣な騙し討ち」と非難した「卑劣」とは、奇襲攻撃という意味と共に、「あたかも外交交渉をしているように米国を欺いて油断させ、その隙に真珠湾奇襲を画策した」という意味が含まれている。

「リメンバー・パールハーバー」という米国の反日スローガンの構成要素として、通告時間の遅れ=宣戦布告なき開戦は、最も重要な部分を占める。その当事者の一人だった加瀬が、確かな根拠を示すことなく、ルーズベルト陰謀論に与《くみ》する記述をしていることにあらためて驚かされる。まるで日本の大使館で遅延が起こることを望んでいたようである、と米国の歴史家プランゲが述べたのもうなずける。

ハル・ノートの意味

ところで、真珠湾前のアメリカ世論を覆っていたのは「不干渉主義」と一言で片づけられているが、一九三〇年代から四〇年にかけてのアメリカは、大恐慌の経済下降時代をやっと潜り抜けた時代だった。保守的というより、国民はその日の暮らしに精一杯で、多くのアメリカ人は前を向くよりは立ちすくんでいたのである。戦争などしている場合ではなかった。しかしヨーロッパではナチスドイツがポーランド国境を越えて第二次世界大戦が始まり、あっという間にオランダ、フランスはナチスの近代兵器のまえに制圧され、英国だけは独力で戦っていたが、アメリカ人は戦争を嫌がった。

支那事変のとき、日本の中国侵略を非難し日本に対する「隔離演説」をしたルーズベルトは、「好戦主義者」と野党共和党や新聞に非難され、戦争を口に出すことすら慎まざるを得ない社会状況があった。

一一月二六日、ハルが野村大使に手交した「ハル・ノート」は米側の最後通牒と日本は受け止め、フィッシュも日本を攻撃させるためのルーズベルトの陰謀だったと考えていた。フィッシュは「ハル・ノート」こそ日本への宣戦布告だったと決めつけたが、果たしてそうだったか。

中国からの撤退要求について、東條と陸軍は絶対に受け入れがたいといっていた。「ハル・ノート」のいう「中国撤退要求」に関して、フィッシュは「満州」を含むと記述しているが、必ずしも「満州」を含む中国からの撤退とはいっておらず、ハルもこれを認めている。日本側も中国撤退に満州を含むと思いこんだ。戦後になって、ハル・ノートの要求に必ずしも満州は含まれていなかったことがわかり、東條は「それをよく確認しておくべきだった」と後悔の念を示したといわれる。

満州からの撤退にこだわっていたのは、スティムソン陸軍長官だったと思われる。スティムソンが国務長官時代に日本の満州事変があり、これをスティムソンは強く非難し、満州からの撤退を要求してきた経緯がある。スティムソンは満州事変以来の反日主義者ではあったが、フィッシュは彼を「狂信的なところがある愛国者」といっており、ルーズベルトに背後から参戦をけしかけていたのはスティムソンだと見ていたようだ。

だがスティムソンは、原爆投下に際して京都が第一候補地だったのを、ルーズベルトの急死で交代したトルーマン大統領に手紙で直訴して変更させた人物でもある。京都は狂信的な軍国主義者ではない知識人がたくさん住んでいる日本の古い都なので、京都への投下はやめるべきだと進言したといわれる。古い文化財や伝統的な寺社があるという理由で原爆投下をやめたとする説があるが、実際にはスティムソンの大統領への直訴で京都は原爆を免れたのである。

「日本をいかにして挑発して最初の一発を撃たせるかが、真珠湾前のルーズベルト政権の閣議の議題だった」とフィッシュは指摘する。この話はスティムソンの日記にはあるというが、この記述に関しては、「先走っており、また言い足りない点がある」と膨大な資料を踏査して『真珠湾への道』を書いたハーバート・ファイスは疑問視している。

フィッシュの主張の中で正しい部分が一つある。ハル・ノートは交渉や譲歩ではなく、これまでの交渉経緯からも後退しアメリカの原則に戻った内容だったことは間違いない、という主張である。

ハル・ノートは、日米両国の宣言の形をとっており、①領土保全、主権の不可侵、②他国の内政不干渉、③平等主義、商業上の機会平等、待遇の平等、④国際紛争の平和的解決の四つの骨子にわかれている。

「日米両国は英国、中国（シナ）、オランダ、タイの間で協定を結び、仏印の領土を保全する」、「日本政府は中国及び仏印から陸軍、海軍、空軍、および警察力を撤退させる」、「重慶の国民政府（蔣介石政権）以外のものを支持しない」、「日本は中国におけるあらゆる治外法権を放棄する」「日米両政府は貿易障害を軽減し通商協定会談を開始する」、「日米両政府は資産凍結令を解除する」など一一項目にのぼる覚書だった。

国務省報告によれば、ハル・ノートは必ずしも最後通告を意味してはいない。「一九四一年一一月二六日、国務長官は、野村駐米大使と来栖特使に対し、米日両国間の協定のための基礎的提案を手交した。合衆国は日本政府との商談を継続するため、あらゆる機会を提供せんとする、真摯な希望を有するものである」としている。

要するに前回の一一月二〇日の日本提案は米国にとって信じがたいものだったので、改めて意見の隔たりを原則に戻って埋める努力をしなければならない、と表明しているだけなのである。

ハル・ノートに付随したこの声明を読めば、これは「最後通牒」ではなく「交渉続行の意思」を示すもので、最後通告でも宣戦布告でもないことが了解できる。重要な点は、ハル・ノートは日本にとって強硬な内容ではあったが、交渉打ち切りとも宣戦布告とも書いてないので、軍事的問題を含む交渉ではなく、あくまで「商談」と自己規定している。「商談」という名の交渉事がなぜ軍事的な最後通牒となるのだろうか。

ハル・ノートを最後通牒と決めつけて、開戦に動きだしたのは日本である。しかも重要な点は、ハル・ノートが米国から発出される前に、択捉島の機動部隊は真珠湾を目指してすでに出発していたことだ。前章でも書いたが、日本の外交暗号マジックは解読されていたが、海軍暗号はこの時点では未解読だったとされ、具体的な作戦は文書に書かれて旗艦赤城の南雲長官室の金庫に保管されていたので、ハワイ沖に日本海軍が集結したことを米軍は知らない。

一一月二六日にワシントンで日本側に手交されたハル・ノートを最後通牒と判断し、開戦の動きに踏み切ったという日本側の弁明はこのときの機動部隊の一足早い開戦への動きによって否定されてしまう。

ハル・ノート受諾より早く日本は軍事行動を開始し、交渉がまとまれば機動部隊は引き返すことになってはいたが、真珠湾奇襲前に必ず「宣戦布告」を行うよう重ねて念を押した連合艦隊司令長官・山本五十六は、宣戦布告なき真珠湾奇襲を知って、何を思っただろうか。

米英が着々と太平洋と東南アジアに日本基地空爆用の滑走路を新設し、新型爆撃機を増産し、空母生産を倍増させ、フィリピンを要塞化しつつあったので、日本軍部の戦争計画は諸般の情勢から見て、一九四一年末をはずすと困難を極めることが予想されており、一二月八日は開戦のデッドラインでもあったのだ。

一一月二〇日の前段階の会談で日本代表（野村大使）が「日本政府は真に平和を願望するものであり、日本はかつて侵略政策をとったことはなかった」と繰り返すと、ハル国務長官は「これに関しては中国が回答を与えるであろう」といった。

「ハル・ノートは最後通牒ではなかった」

最後の会談となった一一月二六日のハル・ノートの手交で、野村・来栖両大使は「万事休す」と感じ、最後通牒を突きつけられたと思った。ハルは「『共栄』『大東亜新秩序』『特定地域における安定勢力』という日本のスローガンは、すべて日本による武力と征服の政策、すなわち被征服民族を政治的、経済的、社会的または精神的に軍事力をもって支配することとであるのは万人の認めるところである」といった。

ハルが意味したことは、ワシントン体制や九ヵ国条約の国際合意を破り、ファシズム三国同盟へ走る日本への警告でもあった。

しかしフィッシュは、「アメリカの青年を決してヨーロッパの戦場に送ることはない」と公約して選挙に勝ったルーズベルトが、裏口参戦という手口を使って選挙公約に違反し、若者を戦場へ送りこんだのだとルーズベルトを強く非難した。

ところで、戦後の米国世論と議会に台頭してきたルーズベルト政権の公約違反、戦争責任、陰謀論の追及に対して、国務長官ハルは、連邦議会真珠湾合同調査委員会のファーガソン上院議員の質問状に対して、四六年四月、書面でこう答えている。

「それは国務省の職務や責任を国務省から陸軍省や海軍省に移すことを示唆するものでは

まったくなかった。（質問状の）この表現がどのような意味で使われたかについて、大統領や陸軍長官、海軍長官にいささかも誤解があったとは思っていない。われわれ全員が認識していた危機的状況に照らせば陸軍と海軍が最大の頼みとなるのは分かり切ったことに思われた。私としては、もはや国務省が状況を実質的に取り仕切っていけると思ってもらっては困ると強調したのだ」（ビーアド、前掲書参照）。

「自国とその財産を守ることは常に合衆国政府の不変かつ恒久的な政策であった。連邦議会自体も、世界中で広まりつつあった戦争がこの国にもたらす脅威が深刻になるに伴い、さまざまな局面でこの政策を再確認し、支持してきた」と先述した共和党支持者のビーアドは記述し、合衆国を戦争に巻き込む者たちを嫌悪していた。

一方、マッカーサー将軍を敬愛したフィッシュは、戦後の米ソ冷戦が深刻化し、日米の軍事同盟が強固になりつつあった一九七〇年代になると、米国の信頼すべき無二の同盟国になったと、日本を賞賛するようになる。共産主義のソ連、中国が台頭した時、かつてナチスと結託した日本という敵が歴史の磁場から消え、「容共主義者のリベラル、ルーズベルト」という内部の敵がことさら大きく見えてきたのではないか。

しかしルーズベルトはリベラルではあったが、共産主義に同調はしてはいない。それを示すように蔣介石の軍事顧問として中国軍を指導していたスティルウェル将軍が、対日戦争で共産軍との国共合作に動いたという話が伝わり、米国保守派の批判を浴びた時、ルーズベルトは即座に将軍を召還し解任している。

国民党軍を率いたスティルウェルは人望があった将軍で、アメリカの新聞記者や雑誌記者、若手中国特派員たちの信頼感も厚かった。スティルウェルは蔣介石の顧問だったが、蔣介石の統治能力へ信頼感がおけないと考えていた。蔣介石は身内で権力を固めて腐敗し、アメリカの軍事力に依存するだけで、中国民心が離れていると感じていた。スティルウェルは共産軍の力を合わせなければ日本との戦争に勝てないと判断し国共合作を模索したのだった。

スティルウェルの軍人としての優れた能力に関しては、チャーチルの『第二次世界大戦回顧録』の中の「インパール作戦」の部分にも出てくる(『第二次世界大戦回顧録抄』毎日新聞社編訳、毎日新聞社、一九六五)。近代装備を持つ六〇〇〇人の英国インド部隊がインパール平原で日本軍に包囲された時、中国軍を指揮するスティルウェルは日本軍の抵抗を撥ねのけて勇敢な進軍をしてきた。雲南省にいた中国軍四個師団は日本軍の側面を脅やかすなどして、マウントバッテン卿が率いたイギリス軍を助けた。「スティルウェルが急きょ、異動になりワシントンへ呼び戻された」という記述がチャーチルの回顧録にある。ところが異動の詳しい事情にはチャーチルは触れていない。

フィッシュの本の後半部分はルーズベルトの健康問題の記述がどんどん増えている。フィッシュはルーズベルトの健康問題をひた隠しにして大統領を四期にもわたって務めた責任を追及し始めていた。健康が優れない大統領は国民の期待に沿うことができず、国民への裏切りになると考えたのだ。しかしルーズベルトの側は健康問題は何も語らず、記録にも残さず、終戦直前に病死した。

第五章

開戦は避けられなかったか

ホワイトハウスでの交渉に入るハル国務長官（中央）と野村吉三郎（左）、来栖三郎（右）両大使（1941年12月、毎日新聞社）

アメリカが重要視した日本の中国侵略

ルーズベルト政権が日本から出された最終交渉案を拒否して、ハル・ノートを突きつけた国際的背景には対独戦争中の英国のチャーチルが米国の参戦を強く願っていたほかに、いわゆるABCD諸国（米英中蘭）の中の中国の蔣介石政権の思惑が大きく影響している。

支那事変で日本軍に上海、南京を追われて重慶に本拠を移した蔣介石政権に対して、日本は汪精衛（兆銘）を主席代理とする傀儡《かいらい》政権を樹立したが、間髪をいれず米国務長官ハルはこれを非難し、アメリカは変わらず重慶政府を正統的な中国政府と認める旨の声明を発表した。

孤立した日本に対する国際包囲網の素早い反応だった。

蔣介石は陰に陽にアメリカへの政治的ロビー活動や有力マスメディアへの働きかけを行っていた。ホワイトハウスや政権幹部へのロビー活動のほかに、『ニューヨーク・タイムズ』『ワシントン・ポスト』などの大新聞、ニュース週刊誌『タイム』、娯楽系ニュース雑誌『ライフ』といった影響力を持つメディアに対する反日世論工作も怠りなかった。軍事力でははるかに勝りながら、アメリカのメディアを味方につけて米国世論を操る巧みさにかけて、日本は蔣介石に太刀打ちできなかった。アメリカの世論がますます反日色を強めようとも、日本政府も軍部も無関心であった。

日米交渉が最終段階の重要な局面を迎えている真っ只中なのに、日本政府の閣僚たちは大政翼賛会の演説で鬼畜米英と日本の軍事的拡張や中国への領土的野心を堂々と披瀝するので、これらをアメリカの新聞が報道することになり、交渉中のルーズベルト政権にも聞こえてしまう。日本は暗号解読されることよりも、米国のマスメディアにもっと気をつける必要があったのだ。最終交渉の特使としてワシントンに派遣された来栖三郎特派全権大使は、「日本の重鎮の武張った危うい言葉が米国の大新聞ですぐに暴露されるので、言葉で行っている外交交渉の意味がなくなる」（『泡沫の三十五年――日米交渉秘史』中公文庫、一九八五、要約）と大本営の鈍感ぶりをぼやいている。

支那事変の渦中に外交官として中国に駐在していた森島守人はこんな体験を語っている。アメリカの外交官に、満州国のアメリカ領事館の例を引いて、華中方面でも地方的官憲という意味で、汪精衛政権と事実上の接触を保つ方が、アメリカの権益を擁護する上に便利ではないか、と脈を引いたところ、日頃は穏健な相手が色をなして反発し、「アメリカは独自の立場で政策を決定する」と言い放ったことがあったという（森島守人『真珠湾・リスボン・東京――続一外交官の回想』岩波新書、一九五〇）。

「ハル・ノート」を最後通牒と受け止め、交渉打ち切りと開戦を決めた日本政府と軍部だが、日米交渉で相互の溝が埋まることなく平行線をたどった根本的な原因は「中国への日本の武力侵略」である。

直接的にはアメリカは日本の仏印(ベトナム)への進駐で態度を硬化させ、石油禁輸や資産凍結などの経済封鎖を行った。これが日本の首を絞めて開戦に踏み切ったのだが、持たざる国の日本は、中国資源と領土の支配保持は正当化できるという思惑が根本原因だった。ワシントン体制を否定し、東亜新秩序の樹立をうたった大東亜戦争の思想もここからスタートしたと考えられる。

一九三七年の支那事変で近衛内閣は不拡大方針を唱えながら、日本の軍事行動は北京、天津、上海、南京へと拡大していった。この戦闘で起こった南京虐殺では民間人を含め、諸説はあるが約十二万人(東京裁判判決)が日本軍に殺されたとされ、真珠湾の「卑劣な騙し討ち」と共に日本の国際的名誉を傷つけている。

翌三八年一月一一日に日露戦争以来といわれた御前会議が開かれる事態に発展した。蔣介石の中国は特に九ヵ国条約を根拠に対日制裁を訴えた。これに対して日本は満州事変の時と同様に、国際的介入を拒否、日中二国間での解決にこだわった。

三七年一〇月六日、国際連盟は「日本は平和と中国の独立を侵犯した」と非難し、九ヵ国条約(ワシントン会議の出席国が中国進出する際の事項を取り決めたもの)による会議を呼び掛けた時、当時の米国は国際連盟には入っていなかったにもかかわらず、ルーズベルトは賛意を表し、有名な「隔離演説」を行っている。「国際的な無法を生みだすものを隔離し、無法の伝染を防ぐ」という内容で、無法国家とは日本を指していた。

この時の日本は国際連盟の仲介を求めず、独自の「トラウトマン和平工作」を行い、ヒトラーとの意思疎通を通じてナチスドイツに仲介を要請したが、米国の支援を重視し日本を嫌っていた蔣介石に拒否された。この時の外相・広田弘毅は東京裁判で文官ではただ一人、A級戦犯で死刑になっている。アメリカが日本の中国侵略をいかに重大視していたかがわかる。

ハル・ノートか暫定協定案か

四一年秋になると、ワシントン体制を離脱して日独伊三国同盟にのめり込み、中国や東南アジアで支配地域を拡大する日本に対し、ＡＢＣＤ諸国の包囲網が強化されていた。特に、アメリカだけが日本を敵視していたわけではない。

この間の日本を取り巻く国際関係の背景を、国際政治学者のハーバード大学名誉教授・入江昭はこう述べている。

「重慶の中国指導者は日米和解のいかなる兆候にも神経質であり、英国と密接な連絡をとりながら、後者がＡＢＣＤ陣営の分裂を防ぐよう働きかけた。その結果、一九四一年秋には、英国・中国間に小協商に類するものが形成されていたのである。英中両国ともに米国が対日強硬策を持続することを望んだからに他ならない」（『太平洋戦争の起源』篠原初枝訳、東京大学出版会、一九九一）。

要するに「英国と蘭印は米国の指揮に従うであろうし、中国も自国の戦略を国際的共同行動の一部としてとらえるであろう」と入江は言い、ＡＢＣＤ国際包囲網は実態としても存在していた。これに気がつかず、蔣介石の中国は弱体、強敵はアメリカのみと勝手な自己流の判断をした日本は、独伊という遥かに遠い国の独裁者と同盟を結び、ドイツの敗北を考えていなかったのである。

実は「ハル・ノート」を出す前に、アメリカは「暫定協定案」を用意して、一時的な妥協を考えていた。「アメリカから日本へ石油と米を一時的に供給する代わりに、日本は南部仏印から撤退し、北部仏印の兵力は二万五〇〇〇人にする」という案だった。真珠湾直前に米国のクリッパー機に乗って特派された来栖三郎特派大使は、「乙案」から削除された内容を含む暫定案の交渉のためだったといわれる。

しかしアメリカからこの案を示された蔣介石が強く反発し、チャーチルも中国を支持したため、アメリカだけの判断だけで妥協できなくなった。「ＡＢＣＤ陣営維持が最優先だとされた以上、日本と米国が交渉する意味はなかった」と入江は指摘する。蔣介石とチャーチルは軍事力では米国に劣っていたが、国際戦略と外交では米国に勝っていたのではないか。

ハルは、「暫定協定案」の私案は一一月二二日までに英国、オーストラリア、オランダ、中国の外交代表を招致して草案のコピーを示した。彼らは本国政府にこれを報告して回答を待った。傍受電報には、米国が原則を少し緩めれば日本が変化する可能性を示すものはなかった。それよりも日本の大部隊が仏印南部の基地に移動しつつあり、日本の輸送船が蘭印にもっとも近い委任統治諸島に集結している、という情報がもたらされた（ファイス『真珠湾への道』大窪愿二訳）。

ファイスは「暫定協定案」に対するABCD諸国首脳の反応を詳細に書いており、これに積極的に同意する者はいなかったというが、ハル自身は「暫定協定案に反対する者は、中国をのぞいてなかった」としている。蔣介石への英米の援助ルートであるビルマ・ロードの日本軍による破壊で、中国の軍事能力の低下を恐れた蔣介石が、チャーチルの賛同を得てハルやルーズベルトに、暫定案破棄を迫ったのだ。

日本からの暗号電報を傍受した米国務省が、「ハル・ノート」か「暫定協定案」か迷ったあげく、「ハル・ノート」を手交するに至った国際関係の経緯をファイスは詳細に辿っている。国務長官ハルは、「ABCD諸国と協議し続ける時間はほとんどない」ことを明言しながら、『『暫定協定案』を日本に提示するかどうかわからない」といい、各国代表の反応を見ていた。

ルーズベルトはハルの申し出に従い、チャーチルに「暫定協定案」の電報を送った。「日本が南進(仏印)も北進(ソ連)もしないとの公約で、日本に石油と食糧などを一時的に供給する」という内容の電報だった。ルーズベルトは「大した望みはかけない。われわれは本物の紛争に対処しなければならない。恐らく近いうちにそうなるだろう」という文言を独自に付け加えていた。

一一月二五日の正午、ハル、スティムソン、ノックス(海軍長官)、スターク、マーシャルら軍幹部が大統領と会談した。この時、有名なルーズベルトの「日本の最初の一撃論」が出たというが、先述したように、これは「先走った表現にすぎた」とファイスは、日記に書いたスティムソンを批判している。

イーデン英国外相からも、「わが方の対日要求はなるべく高くつり上げ、わが方の代償は低くすべきである」の回答があったことを英国大使が伝えた。

中国の胡適駐米大使は蔣介石の「米国は中国の犠牲をもって日本に融和政策をとろうとしている」との憂慮を伝えた。「もし対日経済制裁が緩和されれば、中国軍の士気は完全に砕かれる」と蔣介石は抗議した。蔣介石のほか、義弟の外交部長・宋子文からノックス、スティムソンら軍幹部に強いメッセージが届き、米国国会議員やルーズベルトの秘書にも蔣介石の意思を伝える至急電報が届いた。蔣介石のアドバイザーだったオーエン・ラティモアからも大統領秘書やホワイトハウス関係者へメッセージが届くなど、中国のロビー活動には目覚ましいものがあった。このロビー活動によってアメリカも日本も蔣介石に敗北した、といえるかもしれない。

最後に大統領のもとに届いたのはチャーチルからの極秘電だった。「わが方としては新たな戦争を欲するものでない。（略）わが方として憂慮を感ずる一点あり。即ら、蔣介石との関係如何という点である。（略）わが方の憂慮は中国関係にある。中国にして崩壊せんか、わが方共通の危険は著しく増大せん。米国が中国の立場を充分考慮の上その政策を実施せんとしつつあることをわが方は確信する」という内容だった（ファイス、前掲書）。

その夜、ハルは考え抜いたあげく、現状維持を認めた暫定協定案の放棄を決めた。翌、一一月二六日、「一般的平和解決についての総括的基礎提案」と題するいわゆる「ハル・ノート」を日本側に提示することをルーズベルトに勧告した。大統領は即座に同意した。

日本の四つの選択肢

暫定案が日本に手交されていたら開戦を避けることができたかもしれないという楽観論が日本にはあるが、日米交渉の影響は二国間にのみ限定されていたわけではなく、ABCD諸国の思惑が反映されていたこと、中国はかつての九ヵ国条約の原則論に戻って国際連盟の日本非難決議を行わせたことなどを考えれば、日本の外交がいかに国際政治の原則から離脱した孤立主義、自己中心主義であったかわかる。

その少し前、難局を突破するために東條の前任者だった近衛首相とルーズベルトのハワイでのトップ会談の話が模索されたが、間もなくこれをアメリカが蹴った経緯にも、日本外交の場当たりな原則不在の甘さが露呈していた。

ところで、「ハル・ノート」を最後通牒とみなす意見に対し、ファイスは「政治的意味でも軍事的意味でも至当ではない」と反対している。

ファイスによれば、日本には四つの選択肢があった。第一は米国の提案に同意して政策転換する。第二は南北のいずれもこれ以上武力進出は行わないが、中国での戦争を極力続ける。第三は軍隊の撤収を開始して、米英中の反応を見る。第四は勝利を得るまで政策を強行する。

この四つの選択肢が与えられていたにもかかわらず、日本は第四の道を選択し開戦した。日本がそうするであろうことは米国の当事者たちは予想していた。ハルが陸軍長官スティムソンに対して『これからは君とノックス君（海軍長官）、いってみれば陸・海軍の出る幕だ』といったのは、そういう予想にもとづいた見解を披露したのだ（ファイス、前掲書）。

また国際政治の論理で考えれば、「ハル・ノート」を米国の最後通牒と受け止めるのは当を得ていなかった、と入江は指摘する。「ノートの言わんとしたことは、米国は中国、英国、蘭印を支援するが、日本にもこの陣営への参加を呼びかけた上でアジア・太平洋地域の秩序再編を目指したいということだったのである。しかし日本がこれを拒む以上、両国間に妥協のあり得なかったのも確かである」（入江、前掲書）。

一二月一日にルーズベルトは英国大使に、日本がアジアの英国領土やオランダ領土を攻撃したら、「われわれはみな一緒になるだろう」と保証している点が重要だ。これは「最後通牒」とか「日本の一発を狙った陰謀」などではない、ルーズベルトとチャーチルが合意したばかりの大西洋憲章の集団的自衛権のモデルの本質を示していた。ハル・ノートは修正主義者たちが期待するような「陰謀のタネ」ではなかったということだ。

戦後、東條英機は「あれ（暫定協定案のこと）さえ来ていたら」と嘆いたといわれる。しかしそれがアメリカから来ることはあり得なかったのは、先述した入江昭の分析でも明らかだ。日米が依拠した世界観と価値観の隔たりがあまりに大きすぎたからだ。その上、中国が示した反日抵抗の米国世論への影響力が、米国政府にとって重荷になっていたともいえるだろう。武力で制圧したつもりの日本は、中国問題の外交を軽視しすぎていたのだ。

ハルは日本軍の一二月二日ごろの動向に関して以下のような情報を入手していたという。

「サイゴンには二万の兵力が存在し、ここ五日以内に軍隊と船舶が増強され、南部仏印には七万の兵力が集結しているとみられる。（略）おそらくタイ国に対する軍事作戦がまもなく開始されるだろう」（三輪宗弘『太平洋戦争と石油』日本経済評論社、二〇〇四）。

やはり戦争警戒警報が発動されたアメリカが真珠湾直前に警戒を強めていたのは、東南アジア方面だったようだ。

中国に肩入れした米メディア

特派大使として開戦直前に米国のクリッパー機でワシントンへ急行した来栖三郎は、外交を続けるふりをして真珠湾奇襲を企てた一味ではないかと、東京裁判でも追及された。日独伊三国同盟の調印者でもあった来栖は、真珠湾奇襲計画を知っていたのではないかと疑われていた。

敗戦後、軽井沢の山荘に蟄居《ちっきょ》していた来栖のもとに、大勢のアメリカの新聞記者たちが訪ねてきた。アメリカの記者は、日本の大本営記者のように従順で大人しくはない。彼らの中には拳銃で武装している者がいたり、ズケズケと礼をわきまえない質問を浴びせる記者が多かった。

しかし東京裁判を前に、やってくる記者たちの質問のしどころは概ね、「真珠湾攻撃を予知していたか」という一点に絞られていた。来栖が「ノー」と答え、当時の記憶を語ると、「一、二を除いては、そのままに報道してくれたようであったが、しかし開戦以来、自分に対して、あれだけ深い疑惑を抱いていた米国の大衆が、果たしてどこまで、自分の回答を信じてくれたかはすこぶる疑問である」と、回想記『泡沫の三十五年——日米外交秘史』で書いている。

来栖はアメリカの新聞の大衆世論への影響力の強さを知っていた。結局、来栖は公職追放にはなったが、東京裁判で訴追されることはなかった。

来栖ははるばる軽井沢にやってきたアメリカ人記者の数に驚いたが、アメリカの新聞や雑誌がホワイトハウスや世論に与える影響の大きさに、戦時下の日本の軍部大本営、政府側は無知だった。敵国のマスメディアの報道は戦時における情報戦の強力な一部になっていた。日本の場合、新聞等は大本営と官憲が少し圧力を加えれば何とでも操れると思っていたのだろう。ヒトラーもそうだったが、自国のマスコミは厳重な統制下に置きながら、敵国のマスコミは自由で野放しになっていることに無自覚だったのだ。

たとえ自国の国益には反するニュースであっても、事実を伝えているかどうか、政府に都合のよい嘘をついていないか、それが宣伝とジャーナリズムの分かれ目になる。イギリス公共放送ＢＢＣ（ラジオ）がナチス支配下のヨーロッパの人々やドイツ国民の間で密かに聴取されていたのは、戦況を正しく報道していたからである。対独戦争でイギリスが苦境にあるときも、その不利な状況と事実はきちんと伝えていた。

満州事変から支那事変にかけて、日本軍は武力にまかせて中国を侵略し戦線を拡大し、民間人を含む南京虐殺事件などを引き起こした。蔣介石政権が逃れた重慶には零戦などによる苛烈な空爆を行い、最終的に真珠湾奇襲を行ったときの盲点もニュース報道の中にあった。不拡大方針を口では唱えたが、欧米のジャーナリストの現場取材を通じて、日本の蛮行に関するニュースは世界を駆け巡っていたのである。世界へのニュースの流通は、いかなる権力や軍事力をもってしても止めることはできない。

ちょうど日本が支那事変を起こした一九三七年前後のアメリカは活字メディアの黄金期にさしかかっていた。民主党のルーズベルトが大統領に再選され、それまで政治に無関心だった若者を惹きつける大統領の容姿、知的な活力、陽気、魅力的でリベラルな活動家の夫人、ざっくばらんで斬新な生活スタイル等が雑誌や新聞のグラビアを飾っていた。

ニューディール政策によって大恐慌の暗黒時代から抜け出し、新しいアメリカの世紀へ向かう予感があった。ルーズベルトはその時代のリベラルで活力あるアメリカを体現しているように見えた。ホワイトハウスには様々な魅力ある人々、芸術家、作家、公民権運動活動家などが全米から集まってきて、ホテルの部屋のように寝泊まりしていた。キューバに住み、スペイン市民戦争に出入りしていた〝失われた世代の作家〟アーネスト・ヘミングウェイもその人脈の中にいた。

大新聞以上に大衆への影響力を持ったのが、『タイム』『ライフ』などの新興の週刊誌だった。こうしたニュース雑誌はそれまで新聞が定義してきたニュースの規格を離れ、これもニュースだという新しいニュースの定義を加えた。毎日更新されるのが新聞だが、週単位で更新されるニュースがあってもいいではないか。写真、ファッション、産業、生活スタイル、人間生活の周辺にあるもののすべてがニュースの素材になった。

アメリカ世論の日本への怒り

ニュース写真週刊誌『ライフ』は戦争報道に特化したような雑誌だった。ロバート・キャパがスペイン市民戦争のコルドバの戦場で撮った「崩れ落ちる兵士」の写真は、『ライフ』に掲載され、世界中で大反響を呼んだ。キャパはまさに撃たれて死ぬ兵士のライブ写真を撮ったのだ。報道写真の現場に憧れ、キャパの後を追ったフォト・ジャーナリストが続々と生まれた。戦争は大ニュースとなり、戦場の生々しい生死を写す写真報道は新興雑誌の『ライフ』の誌面にぴったりであり、戦争はこの雑誌の独壇場にもなった。まるで第二次世界大戦が『ライフ』を必要としているようでもあった。

『ライフ』社長のヘンリー・ルースは中国国民党の駐米大使のような存在になり、彼の発行する雑誌は国民党の代弁をする存在として知られるようになった。週刊誌だけでなく、ルースの会社が制作するニュース映画『マーチ・オブ・タイム』では、「野蛮な日本人に勇敢に立ち向かう中国人の姿」を記録していた。ルースの雑誌やニュース映画は、「中国に対するアメリカ人の興味を呼び起こし、蔣介石に共鳴させるために、これほど有効な方法はなかっただろう」とハルバースタムは書いている。(『メディアの権力1』)。

先述したビーアドやフィッシュのような保守派の共和党シンパたちがこぞって不干渉主義、モンロー主義に閉じこもり、戦争から遠ざかろうとしたのと比べ、同じ共和党支持者だったルースは正反対の立場をとっていた。蔣介石は日本人による残虐な攻撃に立ち向かっており、日本軍による重慶爆撃は連日のように続いていた。ルースはこの中国を助けるためにアメリカは参戦すべきとの考えをいっそう強めており、その日は近いとも考えていた。

実際、支那事変に際しては、中国への侵略というだけでなく太平洋地域の西欧列強の地位と権益を脅かし、九ヵ国条約を破壊し、日本は平和の攪乱者となった。「日本軍は内陸深く、遠く侵入した。（略）かつての満洲におけると同様に、華北と華中に傀儡政権が立てられた。これらの政権のうちには阿片政府として知られるようになったものもある。その主要な財源が、この薬物の盛んな売買によっていたからであった」とファイスは記述している（ファイス、前掲書）。

日本軍の戦闘機は人口密集地帯の中国諸都市を空爆して破壊し、米国系の学校や教会が破壊され、米国の財産が損害を受けただけでなく、多くの米国人の生命が奪われた。「米国は腹を立てた。戦争の経済的、政治的原因などは忘れ去られてしまい、代わって日本軍の残虐行為と米国権益の無視が前面に出てきた。日本を終局において中国に勝たせてはならないという決意がつくられていった」（ファイス、前掲書）。

日本が真珠湾奇襲する数年前のことだから、アメリカ世論が日本への怒りを相当に高めていたことがわかる。『ワシントン・ポスト』は、「米国の屑鉄、極東で恐るべき役割を演ず。日本は米国の屑鉄で血の雨を降らす。鉄砲、爆弾、軍艦はいずれも古金属から製造。太平洋を渡る屑鉄の量、ますます増加」と写真グラビア記事で報道した（一九三七年八月二九日付、ファイス前掲書参照）。こうした新聞記事が後の日本に対する石油、資源封鎖の根拠になった。

また陸軍長官スティムソンは、『ニューヨーク・タイムズ』に書簡を掲載し、日本との戦争資材の取引を中止する理由を説明した。

このスティムソンの記事は、大統領ルーズベルトが「戦争という伝染病にかかった有害な国家を隔離すべき」と述べた有名な「隔離演説」の翌日に掲載されたので、日本を名指しした点でインパクトがあった。

一九三九年九月にワシントンの駐米大使館に赴任した外交官・森島守人によると、米国人大衆の対日観は支那事変でどんどん悪化してきており、会員制クラブ加入が難しくなり、新聞はポトマック河畔の「日本の桜」を「東洋の桜」、「日本美術品」は「東洋の美術品」と言いかえられたという（森島、前掲書）。

このとき森島は、屑鉄や石油禁輸解除のため米当局との交渉に奔走したというが、近衛内閣の仏領インドシナ駐兵の強硬姿勢や松岡外相の「日米戦争辞せず」という新聞記者への発言がますます米世論を硬化させ、当初はハイオクタン石油に限定されていた石油禁輸があっという間に全面禁輸にされており、手の打ちようがなかったという。日本側指導者は米国政府だけしか相手にせず、米国世論や新聞に無神経だったことが、日米関係の悪化に拍車をかけていた。

「中国を日本の魔手から救え」

一九四一年六月、『ライフ』社長のルースは日中戦時下の中国視察へ出かけた。日本の真珠湾攻撃の半年前である。蔣介石のVIPとして遇されていたルースは重慶の町中とは隔離された安全な場所に滞在していた。

ここでルースはハーバード大学で中国の歴史などを勉強したテディ・ホワイトという青年に会った。世界旅行をしていたホワイトは立ち寄った中国が気に入り、中国に住む決意をして『ライフ』の臨時通信員として雇われていた。ホワイトは文章がうまく、ジャーナリストの才能は抜群で、わが社では随一だとお墨付きを与えたルースは、ホワイトを気に入り意気投合する。

蔣介石のVIP待遇に退屈していたルースを、ホワイトは人力車を雇って、重慶の繁華街へ連れだした。中国で育った子供時代を思い出したルースは貧民窟へ出かけ、貧農たちと打ち解けて話をし、日本の攻撃で追い詰められ破壊された中国の現実を見た。蔣介石の軍隊は弱体で、日本軍にはとても太刀打ちできない。二人が重慶の町を回っている間にも、日本軍の空爆があり、あわてて防空壕へ逃げ込んだ。

ルースの中国への旅は、米国世論と米国政府の対日政策に大きな影響を持つものだった。

ルースは米共和党に影響力が強く、戦後はアイゼンハワー大統領誕生にも貢献した有力者だった。ルースはホワイトを『ライフ』の極東担当デスクに抜擢して、アメリカへ連れ帰った。

本社で編集デスクになったホワイトが辣腕をふるい、「中国を日本の魔手から救え」という主張を『ライフ』誌は継続的に行い、日本軍に破壊された中国各地の町と民衆の悲惨な姿、むごたらしい戦場、日本軍の蛮行の写真を次々と掲げた。アメリカで有数の影響力を持った雑誌の社主と中国に精通した有能なジャーナリストが結束したことは、ルーズベルトのアメリカの対中支援の追い風になったことは確かだ。

日中事変を契機に始まった米国のマスメディアの持続的な中国報道が、真珠湾直前の日米交渉で日本にはマイナスに働き、現状維持の「暫定協定案」から強硬な「ハル・ノート」の原則論へと米国を引き戻した日米交渉の結果に何らかの影響を与えたと考えられる。大本営で簡単に新聞を操っていた日本指導部は米国の自由なマスメディアの世論への影響力を知らないか、軽視しすぎていた。

真珠湾開戦の翌日、中国で宣教師をしていたルースの父親が死んだ。そのお悔やみを伝えに来たホワイトにルースは、「あの人は中国とアメリカが再び手を結んだのを知って死んだんだ」といった（ハルバースタム、前掲書）。ルースもその父親もアメリカと中国が手を結んで共通の敵である日本と戦うことを望んでいた。

　野村と来栖にハル・ノートを手交したハルが日本との和平交渉のネックになったと感じていたものは、日米和解を牽制する中国の蔣介石の抵抗であり、メディアに触発されて蔣介石に共感する米国世論の反日の動向であった。この点に両大使も気がついていなかった。同様に大本営と軍部、日本政府も外務省も中国問題で米メディアのアメリカ世論に与える影響力がわかっていなかった。

　一九四一年七月、ルーズベルトが対日石油禁輸を行った時は、ハイオクタンガソリン限定だったが、八月、チャーチルとの大西洋会議から戻ってきたとき、内務長官ハロルド・イッキーズなど対日強硬派の閣僚たちによって実行されていたのは全面的な石油禁輸だった。

　日本に対してあらゆる石油が禁輸されたことを知った時、ルーズベルトは驚いたが、もう後戻りはできないと考えた。ハイオクガソリンは重慶空爆の際に日本軍機が最も必要とする燃料だった。そのハイオク禁輸にルーズベルトは狙いを定めていたのだろうか。日本の対米交渉で占めた米国における中国の比重はチャーチルの英国に勝るとも劣らないものがあったが、この予想外のファクターこそ、親中的な米国ジャーナリズムが作りだしたものでもあった。

反感を買ったルーズベルト夫人の対日姿勢

こんなエピソードがある。

日本が真珠湾攻撃をした日、ルーズベルト大統領夫人エレノアが、ホワイトハウスで日本大使と会ったという話が『PM』紙の記者に伝わり、広まったことがあった。エレノアは、「その小柄な男は私をとても丁重に扱ってくれました。私が何かを取りに部屋に入った時、その人は立ち上がってくれたのですよ」と話したという（ドリス・カーンズ・グッドウィン『フランクリン・ローズヴェルト』上）。

しかしその日にホワイトハウスに日本大使が来たという記録はなく、彼女が日本大使と中国大使を取り違えていたことがわかった。エレノアは「同盟国である中国人大使を誤って傷つけた」とアメリカ市民の怒りを買ってしまった。そこでルースの『ライフ』の出番となった。『ライフ』は「友人である中国人と敵国人のジャップを区別する手引書」という記事を掲載し、中国人の身体的、風貌の特徴と日本人の特徴を細かく書いて比較し、「日本人は先住民の特徴を受け継いでいる」と解説した（前掲書）。

進歩的でリベラルなエレノアはアメリカの公民権運動にも関与しており、真珠湾以降、カリフォルニア地方などで拡大した日系人差別や日本排斥の動きに心を痛め、「ドイツやイタリア、そしてまた日本のスパイが、自国を助けるためにここにいることは知っている。しかし、こうしたさまざまな国の出身の多くの人々に、自分たちは突然アメリカ人でなくなったと感じさせてはならない」「何か怪しいことを見たら、しかるべき筋に報告し、自分がＦＢＩになろうとはしないで下さい」と新聞コラムに書いた（前掲書）。

大統領夫人のこうした寛容な対日姿勢が、逆に多くのカリフォルニア住民の反感を買い、発行部数で米国二位だった大新聞『ロサンジェルス・タイムズ』は「エレノアは公的な生活から身を引くように」と書き立てた。地元新聞は日本人を「ずるがしこい蛇たち」と呼び、日系人の住むところを「危険地帯」と書いて、「日本のスパイをＦＢＩに通報しよう」と明からさまな嫌悪感を露わにした（前掲書）。それでもエレノアはへこたれることなく、「人間の権利として私たちが確立した市民的自由をどんな場所でも維持」しようと呼びかけていた。

南北戦争以来のアメリカの危機

ルーズベルトを初めとする当時のホワイトハウス内部では、日本が「警告なしに攻撃をしてくる」ことは予想していたが、大前提として「南から攻撃してくる。もっとも攻撃目標として高いのはフィリピンではないか」と想定していた。

前掲『フランクリン・ローズヴェルト』によると、大統領は日米交渉が終盤を迎えた四一年一一月末、ちょうどハル・ノートが日本大使に手交され、日本の機動部隊がハワイへ進軍していたころ、二〇年来の習慣で自分自身が病んだポリオの療養施設の患者や職員と共にウォーム・スプリングズへのリハビリテーションの旅を計画していた。

実はその患者の中にはルーズベルトの元秘書で愛人でもあった女性ミッシーがいた。大統領は自分の秘書として貢献してくれ、自分と同じ病に倒れたミッシーの治療にも役立つことをしようとしていた。

そこへ「日本の遠征部隊が南下している」という情報が入り、ホワイトハウスは緊張した長い一日を迎えた。国務長官ハルが陸軍長官スティムソンに「いよいよ君とノックス君（海軍長官）の出る幕だ」といったその日だ。しかし日本軍がどこに向かっているのかは不明だった。行動中の日本軍機動部隊は完璧な無電封鎖を実施していた。スターク海軍大将は「もし現在継続中の交渉が合意を見なければ、日本はビルマ・ロード、タイ、マラヤ、オランダ領東インド諸島、フィリピン、またロシア海域を攻撃する可能性があります」とルーズベルトへ注意喚起した。陸海軍の補強部隊が急遽、フィリピンへ移送されていた。しかしアメリカはまだ準備不足だった。できるだけ戦争を先送りするほどアメリカは準備が整い有利になることをスタークは大統領に告げた。

その翌日、大統領はウォーム・スプリングズへ出発してしまった。陸軍長官スティムソンは、緊急事態なのにホワイトハウスを離れる大統領を誰も止められないことにいら立っていた。新聞記者も多数、大統領に同行していた。渓谷の縁にある大統領の山荘は「リトル・ホワイトハウス」と呼ばれていた。その夜、国務長官ハルから日本の首相・東條英機が「極東における英米の『搾取』を終わらせるために直ちに行動を取るべし」という内容の演説をするという連絡が入った。

一二月七日、日本の外務省発の駐米大使館着の暗号電報の解読情報を得た海軍大将マーシャルは日本が太平洋のどこかで軍事行動に出ることを確信した。「午後一時に国務長官に対米覚書を手交せよ」という時間指定を開戦時間と判断したマーシャルは各地の米国海軍基地に警戒警報を出した。電話の盗聴防止装置に自信が持てなかったマーシャルは、あえて民間会社の電話を使ってホノルルのキンメル太平洋艦隊司令長官宛てに電話をしたが、つながった時はもう真珠湾攻撃が始まっていた。

海軍出身でもあるルーズベルトは真珠湾からの報告に愕然とした。南北戦争以来のアメリカの危機だとルーズベルトは感じた。この危機を避けられなかったことに重大な責任を感じていた。ハワイの対空砲火は作動せず、戦闘機の発進もできないまま真珠湾の戦艦群と戦闘機は壊滅していた。海には死体が散乱し、民間人も含めて約三五〇〇人のアメリカ人が死んだ。真珠湾に行儀よく並べられた戦艦群と戦闘機は日本軍の戦闘能力に関係なく、爆弾を落とせば何かに命中したとは何事か、と全米がハワイの防御態勢の無警戒と日本への怒りに震えた日だった。

エレノアは夫の大統領が「ハワイの次に日本軍は西海岸を侵略し、アメリカ本土に侵入するかもしれない」と漏らした言葉を聴き、カリフォルニアに住む知人に連絡をとったという（前掲書）。

真珠湾奇襲は他のすべてのアメリカ人と同様に、大統領ルーズベルトにとっても寝耳に水だった。ホワイトハウスで共に暮らしたエレノアの細部の生活の記録から推測して、大統領が事前に真珠湾を知っていたとは考えられない。遊び好きのルーズベルトは、普段と変わることなく週末は余暇を楽しみ、自分の趣味や親しい友人との余暇に没頭していたと見られる。

なぜハワイに警戒態勢を敷かなかったのか

やがて一部の新聞や野党・共和党からルーズベルトの責任論が噴き出してくる。大統領が真珠湾で膨大な人命が失われた事件の責任を問われるのは当然だが、さらに歴史家たちはルーズベルトは真珠湾奇襲の情報を一二月七日以前に得ており、日本の攻撃計画を知りながらアメリカを裏口からの対独戦争に駆り立てたのではないか、不干渉主義で戦争を嫌ったアメリカ人を団結させるために、日本人に最初の一撃を加えさせた——つまり真珠湾はルーズベルトの陰謀だったという説が澎湃《ほうはい》として起こり、これが世界に流布することになった。

しかし先述したように、ロバーツ委員会報告のほか、陸海軍の調査委員会からは山のような報告書類が出されたが、真珠湾の第一義的な責任は、大統領や国務省ではなく軍が負うべきものだとして、真珠湾防衛上の欠陥が縷々述べられている。

太平洋艦隊の司令長官キンメル大将とショート中将は真珠湾の現場責任を直接問われて解任降格され翌年に退官した。しかしアメリカのハワイ艦隊は四〇年に艦隊基地になったばかりで、それまでは小規模基地だった。予算は少なく不十分な施設しかなく、ハワイの防衛には大きな穴があったのは事実である。

航空機、機材、人員、設備は不足し、日本の戦闘機を迎え撃つには一八〇機の戦闘機が必要で代替戦闘機やパイロットが不足していたし、対空砲も充分ではなかった。現場のキンメルやショートへの処分は厳しすぎたのではないかという反発が強かった。

いかにして真珠湾のダメージと失敗を克服するか、沸き上がる陰謀論に耳を傾ける余裕さえ失ったのが、真珠湾奇襲に大慌てした米軍の内部事情であった。米国のジャーナリスト、チャイルズは、「真珠湾奇襲は国民の意識に深く焼きつけられて、そのニュースを最初に聞いた時、自分がどこにいたのかをいつまでも記憶に留めた」と書いた（グッドウィン、前掲書）。

司令官のキンメル、ショートが戦闘態勢を整えるにしても、太平洋の真ん中の島だから、致命的な情報と準備不足だったことは否めない。陰謀論以前の問題ではないかと思われるほどお粗末な態勢があり、軍の日常業務にも怠慢が目立っていた。ハワイのオハナ・レーダー基地では飛来する日本軍機らしい機影を捉えていたのに、司令部には報告されなかった。

真珠湾前夜に日本軍の豆潜水艦が発見され、駆逐艦がこれを撃沈したり拿捕したりしながら、なぜハワイ全軍に警戒態勢を敷かなかったのか。前夜のホノルルの盛り場は週末を楽しむ海軍士官であふれていたという。その朝、軍楽隊の演奏で朝礼中の戦艦の水兵たちが、日本軍の空襲に遭って逃げ惑う事態は戦争警戒警報中の態勢としては考えられないことだった。

ほかにも、ワシントンが暗号解読などから得ていた情報をハワイに知らせなかった、あるいは隠蔽していたのではないかという疑念が出され、これもルーズベルト陰謀論へ結びついたのだが、先述したようにマーシャル大将がハワイに知らせた時はすでに真珠湾は攻撃されていた。

日米ともに陰謀論者は米国が暗号解読していたことを過大評価しすぎて、暗号解読で何でも敵の秘密は知っていたはずと錯覚する。しかし暗号解読を過大評価すべきではない。前章で述べたように、日本の海軍暗号は真珠湾の時点ではまだ解読されていなかったといわれる。たとえ解読していたとしても、情報の真偽の確認はできないし、情報分析の専門家も不足している。伝達のタイムラグも発生する。暗号解読情報はあくまで参考情報として専門家による真偽の判断が必要となる。敵の攪乱のために暗号で偽情報を流すことも多々ある。

地上の楽園といわれるハワイのようなのんびりした癒しの土地、気候、文化、人々の生活スタイルを知ると、戦争とはまったく相いれない風土であることがわかる。太平洋の島国の日本が、ハワイ事情を米本国人以上に知り、王朝クーデターの時には牽制のために連合艦隊をホノルル近郊に出動させ、明治時代には大量の移民を送り込んだ経験をもとに、その無防備な治安風土に目をつけて奇襲攻撃を考案した日本海軍の作戦立案能力の高さをこそ評価すべきではないだろうか。

それでも事前の宣戦布告（通告）がなかったことは国際法違反なので、日本側が持ち出すルーズベルト陰謀論は道義的にも成立する余地はない。実際、そのとき米国人が本気で懸念したことは、日本がハワイを占領するのではないかという恐怖だった。あるいはルーズベルト夫人が怖れたように、真珠湾勝利の余勢をかった日本軍が本土西海岸を侵略するのではないかという恐怖だった。

最後の和平のチャンス

真珠湾の前日の一二月六日、『ニューヨーク・タイムズ』はオーストラリア政府からの情報として、「英米、蘭印と協力して、太平洋での戦闘事態に対する措置を検討し、四ヵ国は日本のあらゆる動きに対応する」というメルボルン発の記事を掲載している。日本の遠征部隊が南下しており、フィリピンや東南アジアの英領、蘭領近郊が危ないとするオーストラリア発の情報は、ホワイトハウスも共有するものだった。

真珠湾を隠したとしてルーズベルト陰謀論を主張するG・モーゲンスターン著『真珠湾――日米開戦の真相とルーズベルトの責任』（渡邉明訳、錦正社、一九九九）にこの『ニューヨーク・タイムズ』の記事が引用されているが、この記事には「太平洋での戦闘」というだけで、ハワイや真珠湾に関するいかなる情報も含まれていない。

第一次世界大戦以来、米国世論はモンロー主義に支配され、中立法のもとで戦争から遠ざかり、他国の戦争には関与しない、戦争はしない、と世論は平和ボケにどっぷりとつかっていたのだが、日本の真珠湾攻撃で目が覚めたということだろうか。

しかし、『ニューヨーク・タイムズ』『ヘラルド・トリビューン』『ワシントン・ポスト』などアメリカ東部の大新聞や『タイム』『ライフ』などの影響力のある雑誌はおおむね参戦派だった。米国の自由なマスメディアは、ヨーロッパを席捲するナチズムと中国への日本侵略を嫌悪し否定していたから、チャーチル政権や中国の蔣介石政権に肩入れした報道が目立った。やがてルーズベルト政権には追い風になった中立法改正への世論がうなぎ上りに高まっていった。四一年四月、ドイツのUボート襲撃に備えた商船武装をイエスとする世論は三〇％だったが、秋には七二％にまで上昇していた。

一二月七日（日本時間）、日本が対米覚書の最後の通告を発出した時、すなわち暗号解読によって開戦時間と見られた一二月七日午後一時前に、ルーズベルトは天皇への親書を電報で送った。この親書が日本の参謀本部で差し押さえられ、配達が一〇時間遅延した問題は、第三章で書いたが、「ダイナマイトの樽の上に座っている危機を回避し、日米和平を求めた天皇への親書」に関しては様々な解釈が行われてきた。

しかしルーズベルトは危機脱出の最後の和平のチャンスに賭けて、天皇への親書の文章を練ったと見るのが歴史の素直な見方であろう。親書をめぐるルーズベルトの陰謀を探ることは簡単だが、そうまでして日本に罠を仕掛けることに、どれほど大統領の得るものがあったのだろうか。そう考えれば、答えはおのずとはっきりする。夫人エレノアはその夜、夫が時間をかけて文章を練っている姿を目撃している。

こうした経緯を経てアメリカは一二月七日の真珠湾に直面したというわけである。まもなく、ルーズベルト陰謀論が米国保守派から澎湃《ほうはい》として起こったのは、第一次世界大戦での参戦に懲りたアメリカ世論の戦争への嫌悪感が、真珠湾で目覚めたショックの心理的リアクションだったのではなかったか。いずれにせよ、米国の太平の眠りを覚まさせたのが「真珠湾ショック」だった。

ルーズベルトから天皇への親書の送付は、陰謀を隠すための誤魔化しだとする説も根強くある。しかしハル・ノートは米側の最後通牒ではなかったこと、ルーズベルトには最後まで和平の意思があったことを裏づける証拠と見るほうが、歴史に対する素直な態度ではないかと、重ねて指摘しておきたい。歴史を素直に見ることが、「修正主義」の罠に落ちないための予防策である。宣戦布告なき真珠湾攻撃の免罪符として、ルーズベルト陰謀論を「渡りに舟」とばかりに免罪符として使う日本の歴史修正主義者の態度は、自己中心主義的にすぎるのではないか。そう考える理由は前章でも述べたとおりである。

戦後七〇年間、日本は戦争をしなかったが、米国はたて続けに戦争をしている。太平洋戦争が終わってからすぐ、朝鮮戦争、ベトナム戦争、アフガニスタン戦争、湾岸戦争、イラク戦争、イスラム国（ＩＳ）との対テロ戦争、と切れ目なくアメリカの戦争は続いてきた。この間、アメリカは一度も真珠湾前の「他国不干渉主義」と「中立主義」に戻ったことはなく、一貫して「真珠湾ショック」の後遺症ともいうべき「好戦性」を引きずりながら、世界への関与を続けている。このアメリカのジレンマには注目すべき点がある。

もしも真珠湾の歴史的陰謀があったとすれば、未来のアメリカの世論まで、好戦国へと引き戻す「引き金」を引いたということなのだろう。そう考えると日本は、「真珠湾の最初の一撃」で眠れる大国を覚醒させる手伝いをしたことになり、アメリカの好戦性を引き出した責任があるといえる。

第六章

チャーチル陰謀論の正体

大西洋上会談におけるチャーチルとルーズベルト（1941年8月、毎日新聞社）

チャーチルの米議会演説

ルーズベルト陰謀論を真珠湾に当てはめるのは無理があるということを前章では述べた。ところが真珠湾には陰謀めいたことはなかったかというと、そうは断言できない。ここでは、戦時のイギリス首相だったチャーチルの裏面にあるインテリジェンスについて考えてみたい。

ルーズベルトとチャーチルは一九四一年八月に、大西洋のニューファンドランド島沖で会談し「大西洋憲章」を発表して以来、親密度を深めている。チャーチルは対独戦にルーズベルトの支援を約束させようと策略を巡らし、アメリカの参戦を心から期待していた。

日本の真珠湾攻撃後の一二月二六日、アメリカの参戦で上機嫌のチャーチルは米国両院議員総会に招かれて、日独伊枢軸との戦争勝利の決意を述べる議会演説を行った。チャーチルは「真珠湾のおかげでイギリスはナチスとの戦いに勝つことができる」と考えていた。

演説が終わった時、場内は一瞬静まり返ったが、すぐにスタンディング・オベーションの波が続き、アンコールの声が沸き上がった。歴史に残る名演説といわれる。チャーチルはクリスマス前からホワイトハウスの客人となり、数日間宿泊していた。イギリスの内閣がホワイトハウスに移転してきたような喧騒となった。

このチャーチルの訪米で、ルーズベルト夫人エレノアは自分たちのクリスマスがなくなったことに不満だった。エレノアは夫とチャーチルの間に生まれた親密な関係を心配していたようだ、と孫のカーティス・ルーズベルトが語っている。

「祖母はチャーチルに戦争を美化しがちな資質を見てとったのです」。

またエレノアは、ホワイトハウスの一室を占拠して大きな海図を壁に張り付け、その上に書いた各地の戦場の位置をピンで示して談笑に興じる夫とチャーチルの姿を目撃して、「兵隊ごっこに興じる二人の少年みたい」と語った（ドリス・カーンズ・グッドウィン『フランクリン・ローズヴェルト』砂村榮利子・山下淑美訳）。

エレノアはルーズベルトとチャーチルの戦争へのめりこむ危うさを感じていたのかもしれない。なるほど、チャーチルの大著『第二次世界大戦回顧録』の戦闘記述には、政治家というより、どこか〝戦争オタク〟を思わせる細部の戦争描写が目を引く。たとえばインド洋での日本軍との戦闘の描写中に、「ソマビル提督は、戦艦『ウォアスパイト』、航空母艦『インドミタブル』『フォーミタブル』、巡洋艦二隻、駆逐艦六隻を率いてアッズ環礁を後にし、ウィリス提督には準備完了次第『R』型戦艦と残りを率いて、後につづくことを命令した」などの記述がある。エレノア夫人がチャーチルに感じた違和感はこうした部分だったのかもしれない。

ウインド・メッセージを解読？

チャーチルはルーズベルトを操って日本を真珠湾奇襲に誘いこみ、日本への宣戦布告を通じて対独戦争へのアメリカの参戦を画策していたという俗説がある。つまり、ルーズベルト陰謀論のチャーチル版を思わせる物語がイギリスを舞台に登場している。前章で述べたルーズベルト陰謀論の余滴のような物語である。これもまた「歴史修正主義」の変種の一つなのだろうか。チャーチルは二〇世紀の偉大な政治家であるが、ルーズベルト以上に謎の多い人物でもある。

チャーチルが四一年一二月二日に山本五十六連合艦隊司令長官から発信された海軍暗号電令「ニイタカヤマノボレ１２０８」を知っていた、と主張するイギリスの作家がいる。山本が伝令したこの電信は一二月八日開戦を意味し、ハワイに向かう機動部隊はミッドウェーの北約九四〇カイリの海上で受信していた。無線だからイギリスの諜報機関がこれを傍受していても不思議はない。しかしこの他の日本軍の海軍暗号（JN‐25a、JN‐25b）解読はできていたのだろうか。

また日本の外交暗号（パープル）だけでなく、いわゆるウインド・メッセージといわれたラジオ放送の機密を解読した情報を持っていたという話もある。

さらに、日本の外務省が駐米大使館へ送った外交暗号電報傍受等から、「一二月七日午後一時（ワシントン時間）に日本は開戦する」と考えていた。日本のラジオの天気予報に混ぜた「米国との戦争になる」という意味の風暗号（ウインド・メッセージ）「東の風、雨」は、一二月初旬にイギリス、西ヨーロッパ、オーストラリア、南アメリカでも傍受し、メルボルンやシンガポール、香港などの各地でも聴取できたという話をイギリスの作家ラスブリッジャーが書いている。

スティムソンがウインド・メッセージの謎を米軍に調査させたところ、米軍が傍受したという記録はないが、聞いたという証言はあるという。駐米日本大使館でも一二月四日午後に聴取したという話を大使館付駐在武官・実松譲が著作に書いており、ホノルルの領事館でも領事館員が聞いたと吉川猛夫が書いている。

イギリスが傍受した日本関連の機密情報はＦＥＣＢ（イギリス極東連合局）が握っていた。チャーチルはＦＥＣＢ経由で日本関連情報を得ていた。チャーチルはウインド・メッセージの聴取による情報も持っていたかもしれない。

「しかしチャーチルはこれらの情報をルーズベルトには知らせず、アメリカを第二次世界大戦に参戦させるための日本の開戦を画策していた」と、ラスブリッジャーは主張し、エリック・ネイヴとの共著『真珠湾の裏切り――チャーチルはいかにしてルーズヴェルトを第二次世界大戦に誘い込んだか』(大蔵雄之助訳、文藝春秋、一九九一)を書いた。この本には、日本の海軍暗号JN-25解読やオランダの情報機関から提供された情報の中に、「真珠湾」が含まれていたというが、未完の書というべきで、その根拠は厳密に示されてはいない。以下、ラスブリッジャーの論を紹介してみよう。

「一一月二六日未明に千島(エトロフ)を出撃した日本の機動部隊は、八日後には太平洋上の待機地点に集結して燃料補給を行った」。

一二月七日ワシントン時間午後一時というチャーチルの真珠湾開戦説を採れば、主目標は東南アジアのマレー半島やフィリピンやタイではなく、「真珠湾の暁の攻撃になる」という推測が成り立ち、チャーチルはかき集めた断片情報を組み合わせてジグソーパズルの穴埋めをしながら、考えていたことになる。

もし日本の主目標がマレーやフィリピンなら近郊に日本軍の基地があり日本は制空権も握っているから、空母は必要ではない。機動部隊に空母が含まれていることは、空からの攻撃ということになる。そうなると日本の目標は太平洋艦隊がいるハワイに絞られてくるとチャーチルは考えたというのである。

駐日大使グルーの報告

日曜日の朝の眠りの中にいるハワイ太平洋艦隊の破壊を、日本は狙っているとチャーチルは考えたが、ルーズベルトにはこの情報を知らせなかった。

ルーズベルトに真珠湾危機を知らせると、大統領はすぐにハワイを厳戒態勢におく命令を出し、軍艦を動かすから、それに気がついた日本の機動部隊は攻撃前に引き返すかもしれない。またルーズベルトが日本の機動部隊をハワイ沖で迎撃する作戦を敢行すれば、日本海軍はアメリカ海軍に撃破されるかもしれない。アメリカは日米戦争に集中せざるを得なくなり、イギリスの対独戦争に参戦できるかどうかわからなくなる。この米国参戦をめぐるリスクを避けるには、日本が最初の一撃で真珠湾を完璧に叩く必要があるとチャーチルは考えていた。ラスブリッジャーはそのように結論づけている。

もっとも駐日大使のジョセフ・グルーも真珠湾危機情報を外国大使経由でキャッチして本国に送り、国務長官ハルもこれを知っていたから、真珠湾危機説が特に奇抜な発想だったわけではない。グルーの報告は国務省の報告書『平和と戦争』にも出ている。しかしワシントンの軍幹部は真珠湾に真剣な関心を示さなかったというわけだ。彼らの入手した警戒情報はハワイより主としてフィリピン、マレー半島、タイなど東南アジアに向けられていた。

実際、日本は真珠湾を奇襲攻撃する一時間半ほど前に、マレー半島のコタバル、シンガポールのイギリス領を奇襲し、イギリスに対する宣戦布告もしていなかった。真珠湾は山本五十六海軍大将の指揮下で行われたが、マレー作戦は山下奉文《ともゆき》陸軍中将の指揮下だった。このマレー上陸作戦は陸軍の最重要作戦だったので、広島の第五師団などの精鋭部隊が選抜され、辻政信中佐らが参加していた。

時差の相違もあるので早朝のハワイ、深夜のマレーの組み合わせで大本営の奇襲攻撃作戦が決まったのである。開明派の山本連合艦隊司令長官はアメリカへの宣戦布告を考えていたが、陸軍は無通告で良いとしており、結果的に大日本帝国陸海軍の作戦は宣戦布告のない開戦となった。真珠湾の無通告奇襲は陸軍の無通告圧力によって背中を押されていたのである。

根拠となる情報は

ところで、ラスブリッジャーの本の根拠になる情報は、先述した、「一一月二六日未明に千島（エトロフ）を出撃した日本の機動部隊は、八日後には太平洋上の待機地点に集結して燃料補給を行った」という部分にある。この情報から日本の機動部隊がハワイに近づいた一二月三日の位置をチャーチルが割り出しているかどうかが問題になる。海軍暗号解読からチャーチルが得たとされるこの記述を読めば、「日本の目標はハワイ」ということは概ね見当がつく。

しかし著者のラスブリッジャーとネイヴにコンタクトした、テレビ演出家の今野勉によれば、彼らが得た情報は、山本五十六が発した日本海軍の全連合艦隊に対する「作戦計画に定められた行動に移れ」という「合図」（電令作第五号）であり、機動部隊の南雲司令長官にも発せられてはいるが、これは特に機動部隊だけに発せられたものではないという（今野勉「真珠湾を『予知』した男たち」、秦郁彦編『検証・真珠湾の謎と真実』所収）。

したがって、この電令には特段の作戦内容は書かれておらず、電令からは機動部隊の位置や目標の手がかりは得られないとする。詳しい作戦を具体的に書いた文書「機密機動部隊命令作第一号」は別にあり、これは防衛庁戦史叢書の『ハワイ作戦』にも出ている。この作戦方針には確かに、「機動部隊は行動を秘匿しつつ、ハワイ方面に進出、在ハワイ敵艦隊に奇襲攻撃を決行し……」（要約）とある。

しかしこのような具体的な作戦内容が艦隊に無電暗号で送られたわけではない。単冠《ヒトカップ》湾に集結した機動部隊員でも、目標が真珠湾であることを知っていたのは、少数の幹部のみだった。重要な命令はすべて紙の文書で発出され、参謀や文書使が書類を運んでいたという。

今野は、山本長官の電令として伝えられてきたこの作戦指令の系譜を辿ると、アメリカの多くの歴史家が同じ内容の話を書いている点に注目し、その引用元になったのは、終戦直後に行われたＧＨＱの聞き取り調査時の日本側参考人の記憶違いか、真珠湾攻撃隊長の淵田美津雄が一九四九年に書いた回想録『真珠湾の真相』の中にある、「大海令に接した連合艦隊司令長官山本五十六大将は、十一月二十五日、ハワイ空襲の機動部隊南雲忠一中将に対して、広島湾上の旗艦長門から（中略）機密作戦命令を発し」たとの記述が基になったのではないかと推測している。

給油に関する機密機動部隊命令は、「一二月三日夕刻、待機地点（ハワイ北西の北緯四二度、西経一七〇度の海面）に進出し急速補給を完了すべし」というものだった。航空が専門の淵田は作戦命令の伝達方法をよく知らなかったのか、南雲長官から伝達された命令はその日に山本司令長官から届いたものと思いこんでいたのかもしれない、というのだ。

作戦計画書類は極秘下で参謀の手で作成され、旗艦空母赤城の艦長室の金庫に保管され、命令伝達の日に金庫から取りだされて口頭で隊員に伝えられたものだった。

したがって、広島海域の山本長官の乗る旗艦長門からの電令が詳しい作戦内容まで伝えていることはなく、たとえ米英に傍受され暗号解読されていたとしても、機動部隊の位置や目的地が知れることはなかった。

機動部隊は厳重な無電封鎖を敷いて自らの位置情報発出が不可能な状態にあり、大本営との連絡はおろか艦隊同士の電話もかけなかった。機動部隊は長官からの電令を受けとることはできても、機動部隊の側が無電を打たない限り、敵に自分の位置を知られるはずはなかったのである。真珠湾の詳細な情報は、事前にホノルルに出張していた軍令部の鈴木英少佐が単冠湾で空母赤城に合流し、直接、南雲司令長官に伝えていた。また一二月上旬には軍令部から真珠湾の状況が伝えられている。

一二月二日の連合艦隊電令作第一〇号「ニイタカヤマノボレ１２０８」の暗号電文を入手した時、機動部隊の草鹿参謀長は「これまでは機動部隊指揮官としては『開戦』とくるか、『引き返せ』と命ぜられるか、通信は信頼していたもののやはり一抹の不安は拭いきれなかったが、いまやこの電報により作戦一本に没頭できることとなった」と回想している（防衛庁戦史叢書『ハワイ作戦』）。

機動部隊に対する部隊外からの必要最低限度の通信は東京通信隊経由で行われていた。しかし先述したように、機動部隊は単冠湾集結以降、島外への一切の通信を禁止し、厳重な無電封鎖を行って自分から電波を発することはなかったので、機動部隊側から東京への通信はどうやって行っていたのか。

前掲『ハワイ作戦』には以下のようにある。たとえば、特定電波による放送通信、略語や呼び出し符号を使って一般商船の呼び出し符号に似せたり、東京放送局の外地向け日本語放送を利用して、日米交渉の進捗状況や和戦決定の確認を行っていた。

ところで、ラスブリッジャーらの本の重要な骨格部分である山本長官の電令傍受解読説は、今野の論証によって怪しくなってはいるものの、イギリスがアメリカに先んじて日本海軍暗号を解読していたという記述は、重要な示唆になる。したがってラスブリッジャーが主張するチャーチルの諜報疑惑は依然残されている。

盟友ルーズベルトへの裏切り

この本の共著者のネイヴはオーストラリア海軍士官で暗号解読の専門家、日本留学経験もあり英国FECBに引き抜かれた後、日本の海軍暗号解読に専念した人物といわれる。ラスブリッジャーは英国諜報機関に勤務した後、ノンフィクション作家になった007まがいの人物だが、引退してメルボルンで暮らしていた暗号専門家のネイヴを捜し出すのに苦労したようだ。開戦前に日本海軍の暗号を解読した人物とされ、この本の刊行時に、イギリス国防省から「公務秘密法による守秘義務」の警告を受けたと、書いている。

ところでラスブリッジャーが、修正主義者たちが主張する「ルーズベルトの陰謀」ではなく、〝チャーチルの裏切り〟に注目した主たる動機は次のようなものだった。

ルーズベルトは日本の外交暗号（マジック）の解読情報はもっていたが、日本海軍の最重要暗号DのJN－25の解読情報はもっておらず、千島沖で日本機動部隊が給油したことなどはもちろん知らなかった。また日本からの外交暗号マジック解読資料の配布は、スティムソン、ノックス、マッカラムらの限られた軍関係幹部に限定され、当初はルーズベルトやハルにも配布されなかったという。ハワイのキンメル、ショートら軍幹部にも送られなかった。この配布先を決定したのはマーシャル陸軍参謀総長、スターク海軍作戦部長だったという。したがって、ルーズベルトがハワイのキンメル司令長官に機密情報を与えなかったという問題は、大統領の思惑とは無関係だった。

また日本軍が真珠湾で狙っていた空母が出港して不在だったのは、大統領が空母退避指令を出したからではなく、戦争警戒の一環で東太平洋海域に出動中だったのだろう。日本がどこかで奇襲攻撃に出る危険性は認識されており、「戦争警戒警報」が二度も出されていた。ところが米軍はハワイが標的になっていることを強く予想していなかった。

ラスブリッジャーは、「大統領がこうした方法（日本にハワイを攻撃させること）で自らの大統領の職を裏切ったという証拠はない。外交暗号マジック解読資料からは真珠湾という目標、攻撃日時を特定する資料はない。もしルーズベルトが真珠湾攻撃を知っていたとしても、当時の（中立法のもとにあった）アメリカには戦争準備が整っておらず、太平洋艦隊の大部分を危険にさらすような危険な賭けを行うだろうか。ルーズベルトはそんな愚か者ではない」として、ルーズベルト陰謀説を全面否定している。問題はチャーチルの側にあると彼は考えたのだった。

チャーチルは膨大な『第二次世界大戦回顧録』を残しており、ルーズベルトとの意見交換のやりとりを詳細に書いている。そうした記述の中で、「真珠湾直前の数日間に起こったことの記述は、それ以前の出来事の叙述に比べて、驚くほど情報が少なく、また不正確である」とラスブリッジャーは指摘している（前掲書）。

チャーチルの『第二次世界大戦回顧録』には奇妙な空白があるというのだ。確かに不自然な記述はある。日本の真珠湾奇襲に関するこんな記述がある。

「十二月二日、私は幾つかの暗号電報を受け取った。日本は、十一月二十五日、ハワイの真珠湾を攻撃するため、ひそかに海軍の空軍兵力全部を積んで出発していた。彼らは太平洋の波を蹴って、声ひとつ立てずに北に向かっていた。この時私は、わが外務大臣に、もしアメリカが日本に対して宣戦するようなら、われわれも一時間以内に日本に対して宣戦するといった」（チャーチル『第二次大戦回顧録抄』）。

この記述にいう「暗号電報」の中身はわからないが、文脈から推測すると暗号電報から真珠湾という場所を割り出していたようにも読める。しかし真珠湾を特定した日本側の暗号電報は実在していないので、真珠湾は後からわかった事実と見ることもできる。しかしここで重要な点は、「もしアメリカが日本に対して宣戦するようなら、われわれも一時間以内に日本に対して宣戦する」と書いていることだ。事前に真珠湾を知らなかったにしても、チャーチルの意志の強さが「一時間以内に宣戦する」という言葉に表れている。

イギリスとナチスドイツの単独戦争でチャーチルは劣勢にあることを実感し、アメリカの参戦がなければ栄光の大英帝国は滅びるという危機感でいっぱいだったのだ。

回顧録のチャーチルは、自分が得た暗号解読の情報はすべてアメリカ経由のものということにし、アメリカより先んじた独自の諜報活動で日本の機密情報を得ていたことを、ルーズベルトには隠していたのではないかと、ラスブリッジャーは指摘している。「真珠湾の裏切り」というこの本のタイトルの文言は、まずもってチャーチルの盟友ルーズベルトへの裏切り、という意味であろう。

一二月二日、日本の外務省が大島浩駐独大使に対して、ドイツのリッベンノロップ外相経由でヒトラーに警告するように指示した「アングロサクソン諸国と日本との間に武力衝突を通じて突然戦争が勃発する極度の危険がある。これは誰もが予想するより早いかもしれない」とする第九八五電報は、イギリスがパープル暗号機を使って先に日本外務省の暗号電報を傍受解読しており、チャーチルはこの電報の内容をルーズベルトより先に知っていた。

しかしチャーチルはイギリスの諜報部門から受け取った東京からのこの情報についても触れていないし、一二月六日に日本がワシントンに送ったパープル暗号の最後通告も解読していたことを書いてはいない。日本の攻撃に関しては情報収集し分析していたチャーチルは、「静観して、アメリカが遠からず参戦するのを待った」とラスブリッジャーは書いている。

この電報のあと、リッベントロップから「日本が開戦したらドイツもすぐに対米戦に参戦する」という返信が日本側に届いたが、これもチャーチルは解読していたと思われる。

当時のイギリスの駐日大使クレイギーが、「アメリカがハル・ノートではなく、現状維持の暫定協定案を日本に提示していれば日米開戦は避けられただろう」と語ったことに、なぜチャーチルが猛然と怒りクレイギーの発言の公表を禁止したというエピソードがあるが、チャーチルが怒ったのか、その理由も納得がゆく。チャーチルは日米交渉の妥協をさせたくなかった。日米開戦を願ったこの点で、中国の蔣介石とチャーチルの利害は一致していたと見ることができる。

前章でも書いたように、それまで蔣介石政権にはさほどの関心を示していなかったチャーチルが、アメリカの「暫定協定案」提示に対して、急に蔣介石と一緒に反対したことが理解できるのである。チャーチルにとって日本への対処よりもアメリカが対独戦争に参戦することが重要だったし、蔣介石が反対した理由は、もしここで日米が現状維持の合意をすれば、日本はますます中国との戦争に集中できる。アメリカが日本と開戦することで日本の軍事力を弱体化させることを蔣介石は期待していた。

しかし蔣介石とは違い、チャーチルは日本の開戦なしにアメリカが対独戦争に参戦するほうが望ましい、とは考えていたが、それでは米国世論が動かないので、日本との開戦を通じてアメリカが第二次世界大戦に参戦することが次善策、と考えていたのではないか。

ラスブリッジャーのチャーチル裏切り説の理論的根拠は、このあたりに存在する。

ルーズベルトが回想録を残していないのに比べ、チャーチルは膨大な『第二次世界大戦回顧録』を残しているが、回顧録だけ読んでもチャーチルの裏面はわからない。一般に、政治家の回想録にはそれほど史料価値はなく、後世に向けた自己正当化と事実歪曲と手柄話に満ちたものが多い。

チャーチルの回顧録を読むと、逆にアメリカの参戦を抑制する意図すら窺えるのだが、蔣介石の米国への期待を支持したり、先述したルーズベルト夫人が感じた不安のようなチャーチルの二面性は、顧慮するに値するのではないか。

イギリスの暗号解読能力

ところで、日本海軍の暗号解読に関していえば、アメリカよりイギリスが先んじていたようで、第一次大戦後、急膨張した日本海軍に注目したイギリスが官立暗号学校（GCCS）を設立し日本語のできる海軍将校を集めていた。ネイヴはこの暗号学校の優等生でもあったようだ。

ネイヴが所属したFECB（イギリス極東連合局）は、日本海軍暗号JN－25を部分的には読んでいたとされ、真珠湾前に日本軍が行った空母の無電呼び出し符号の変更も知っていた。しかし機動部隊が単冠湾を出港する期日、北大西洋での給油の期日、攻撃の期日などは日本海軍の暗号解読からはわからなかった。

ところが山本五十六が発電した「一一月二一日第二開戦準備」や一二月二日の発電「ニイタカヤマノボレ１２０８」には「１２０８」というXデーが示されており、一二月八日開戦は解読されていた可能性がある。

また軍令部の鈴木英少佐がホノルルへ行き、詳細な真珠湾情報を吉川猛夫から聴取して単冠湾の南雲長官の機動部隊と合流して最新の真珠湾情報を伝えたが、軍令部から機動部隊へ宛てた「ヒトカップメッセージ」や千島沖海域の低気圧情報、アリューシャン海域を航行中の米国船舶情報の打電などがあり、これらの海軍暗号を米英が傍受解読していたとしたら、機動部隊の位置の見当がつき、ハワイを目標としているという推測は可能だったかもしれない。低気圧情報に混じって伏見宮から南雲長官に宛てた「武運長久を祈る」という電報が添えられていたというのだ（左近允尚敏「通信情報戦から見た真珠湾攻撃」、前掲『検証・真珠湾の謎と真実』所収）。

しかしこれらの海軍暗号をもしアメリカが解読していたとしたら、日本の奇襲攻撃は失敗し、日本は真珠湾で敗北を喫していた可能性が高い。「ヒトカップメッセージ」を暗号解読例の目玉としてあげた『真珠湾の真実――ルーズベルト欺瞞の日々』のスティネットの話も、実は戦後の暗号解読だったことがほぼ明らかになっているので、これも真珠湾を事前に知っていたとする説の根拠にはならない。

とはいえ、「チャーチルは一二月七日のハワイ攻撃を予想していたが、ルーズベルトには知らせなかった」というラスブリッジャーの仮説は、ハワイを特定する確たる根拠は得られていないにしても、傍証の精度からいえば、あながち荒唐無稽な話ではない。

いずれにせよ、海軍の方針として、日本の機動部隊はワシントンでの外交交渉の決裂が決定するまでは攻撃できなかった。引き返すデッドラインは機動部隊が単冠湾を出発予定の一一月末ごろになっていた。

アメリカは真珠湾という場所の特定はできなかったが、外交暗号解読などで日本開戦の重大情報をもっており、全軍に戦争警戒警報は出していたし、イギリスは香港、シンガポール、イギリス海軍傍受基地などで海軍暗号を傍受し解読もしている。日本時間の一二月八日前後に日本軍がどこかで奇襲攻撃をかけることは米英蘭は予測していた。しかしハワイの警戒レベルが他と比べて高くなかったのは確かである。

またオランダの諜報能力に関しては、ジャワのオランダ暗号解読班「第一四号室」は、「日本海軍が千島付近に集結し、日本が太平洋で戦争をしようとしていると確信し、日露戦争と同じような奇襲攻撃を行うだろう」と予測したとラスブリッジャーは記述している。彼は、このオランダ「一四号室」が一一月二七日に東京から機動部隊へ出撃命令するJN-25通信文を解読したと主張している。機動部隊が向かっているのは南ではなく東と判断し、「真珠湾に向かう可能性がある」としてワシントンの海軍作戦部に情報を届けたが返事はなかった、という話である（ラスブリッジャー、ネイヴ前掲書）。こうした情報の根拠の検証が必要だが、イギリスFECBはオランダ軍からの暗号解読情報も得ていた。

日本海軍は空母の呼び出し符号の変更や真珠湾直前にはJN-25の乱数表の変更を行ったとされ、真珠湾までの日本海軍暗号の解読は難しかったといわれるが、イギリスの解読能力はアメリカを凌ぐものがあった。

海軍暗号に詳しい左近允尚敏によれば、アメリカは日本海軍暗号「JN－25b」の解読ができなかったという。

「もしアメリカがJN－25bを解読できていたら、どんな兵力の機動部隊が十二月第一週の週末に真珠湾を攻撃するであろうことをほぼ確実に知り得たと断定してよさそうである」といっている（前掲論文）。アメリカがJN－25bの本格的な解読が可能になったのは戦後になってからで、傍受はしていても真珠湾前に解読はされなかったということだ。

その理由として左近允は、アメリカは日本のパープル暗号、つまり外交電報の解読に力をいれたこと、海軍暗号解読には四人の士官しか充てない人員不足、無線通信傍受班ハワイ支局長のロシュフォート中佐のステーションHにこの仕事をさせなかった米軍の失敗、などの諸点をあげている。

暗号解読万能主義の罠

ところで、日本の海軍暗号解読に焦点を絞って書かれたラスブリッジャーの本は、暗号解読という未知の分野に取り組んだ意欲作ではあるが、暗号解読ができたからといって、その情報が現実の作戦や政策にリンクできるものではない。膨大な暗号解読情報の真偽を見定めながら、真に有益な情報を捜し出す解読者の情報選別能力が必要だ。

暗号解読は特殊な作業だから、これができる人材が必ずしも有能な情報解読者とは限らない。

ラスブリッジャーは真珠湾に張りついていた日本のスパイ吉川猛夫が、真珠湾直前の報告で、「空母がいない」ことを見落としていたと書いているが、吉川はきちんと空母の不在を報告していて、機動部隊の南雲長官も真珠湾攻撃隊長の淵田もこれを把握していた。左近允も指摘しているが、ホノルルでアナログ的な真珠湾ウォッチを続けていた吉川の行動の監視やその重要性の評価が、アメリカ側には乏しかったのではなかろうか。

さらにアメリカは吉川の力量をみくびっていた。ただ一人で双眼鏡と鉛筆で真珠湾を見下ろす丘陵に立ち、日本料理店を騙して部屋を借り、真珠湾をスパイしていた吉川は、南雲機動部隊宛てにも真珠湾情報を打電していたが、吉川からの電報はアメリカの民間電話会社の海底ケーブル経由で行われていたので、盗聴は不可能だった。

米国の民間電話会社は米国憲法の「通信の秘密」を厳格に守っていたので、真珠湾前にはFBIや軍当局は傍受、検閲ができなかったといわれる。アメリカ民主主義が吉川の諜報活動を助けていたことになる。相手が民主主義大国のアメリカだからこそ可能だったハワイ諜報の成功だった。

ラスブリッジャーとネイヴの同書を翻訳した大蔵雄之助は、「日本の海軍暗号はミッドウェー海戦までは破れなかったように発表していたが、本当は戦前に全部読めるようになっていた」といい、「真珠湾の謎はこの本によってさらに深まった」と指摘している。

仮に真珠湾前にアメリカが海軍暗号を読めるようになっていたとしても、解読した情報を生かすことができたかどうかはわからない。傍受、解読、解読情報の分析が三位一体になっていなければ、用をなさない。歴史の専門家でも傍受＝解読と間違って解釈したり、解読情報は現実に活用されていると錯覚する。そこに暗号解読万能主義の罠と盲点がある。

素人にはわかりにくい暗号解読を歴史の後知恵として活用すれば、どのような歴史でも創作することができるだろう。

従来の「歴史修正主義者」がいう真珠湾の謎と陰謀の主人公の元祖はルーズベルトだったのだが、実はチャーチルがこの謎の部分に深く〝参戦〟していたことを、この本は教える。チャーチルの参戦とは、いかにも大英帝国らしいインテリジェンスの物語ではある。

しかしながら、真珠湾の陰謀をめぐる確実な証拠はいまだにない。ラスブリッジャーは、「チャーチルは、一二月七日の真珠湾奇襲を掴みながらルーズベルトには知らせなかった」というが、真珠湾をどうしてチャーチルが知ったかは、様々な情報から割り出した断片的な傍証と推測に頼っている。とはいえ、感情的な日米のルーズベルト陰謀論よりは、チャーチルのインテリジェンス物語のほうが、彼の〝戦争オタク的〟なパーソナリティ分析も含め、さらに深く追求する価値はあるだろう。

鍵をかけられたままのチャーチル機密情報

戦後五〇年を機に書かれたと思われるこのラスブリッジャーとネイヴの本を読んだこともあり、筆者はチャーチル陰謀説の真偽を求めて、ロンドン郊外キューガーデンにある国立公文書館のチャーチル文庫を訪ねたことがある。

本場のイギリスでは、『タイムズ』などの高級紙が「チャーチルの裏切りの真相」などの特集紙面を作り関心を示していた。しかしこれを証明する確たる根拠は発見されてはいなかった。さすが007の本家で、チャーチル文庫はいかにもスパイの目を逃れるように、厳重に機密の鍵がかけられ、目指す資料に到達することは難しかった。

チャーチル文庫の機密情報にアクセスできない理由は、チャーチルが「一二月八日真珠湾奇襲」を摑みながら、ルーズベルトに知らせなかったという裏切りの負い目を隠すためなのだろうか、と考えたものだ。

そう思わせるほどに、太平洋戦争に関するチャーチル文庫の情報公開は進んでいなかった。「チャーチルの裏切り」を解く鍵になる諜報機関の情報は厳重に鍵がかけられたままだった。しかし日本の外務省のように存在するはずの文書がない、失くしたという類の話は、イギリスにはない。第二次世界大戦下のチャーチルの英国諜報機関のファイルは存在しているが、未だに重大な国家機密なので公開はできない、という国家安全保障上の理由がついていた。

そこで公開できるものなら何でもいいから読みたいと申し出て、大戦下の日本関連で機密解除されているファイルをチェックして、一〇〇枚くらいのコピーを貰ってきた。ナチスドイツと日本政府のやりとりや交渉、七三一部隊のことなど中国における戦時下日本の蛮行にかかわる文書が多かった。パープル暗号解読文書などが含まれており、これは先述した日本の外交暗号をイギリス側が傍受解読して英文に翻訳した資料だった。

日本の外務省から大島浩駐独大使への外交電報のやりとり、大使館とドイツ政府の文書のやりとりは、ほぼ傍受解読されていたようだ。先述したような、真珠湾直前に日本の外務省からナチス政権に渡すよう大島駐独大使へ宛てた緊急訓令の中に、「日本の開戦情報」も含まれていたと考えられる。

石油枯渇の背景から見える真珠湾

真珠湾奇襲攻撃について、歴史家は当時の軍の動きや政治背景、諜報などを研究するが、戦争の背景となる経済、とりわけ資源の問題をめぐる「軍事と経済」への分析が及びにくい。経済学者がこうした問題になかなか手を出さないこともあるだろう。しかし近代ヨーロッパの戦争がアルザス＝ローレヌ地方の鉄や石炭資源を奪い合うフランスやドイツ諸国の領土紛争から発生したことは周知の事実だった。

後進国で資源がなく人口が多すぎた日本が近代化するために、中国大陸を侵略したのは資源と領土獲得のためで、産油国アメリカの経済封鎖で石油が枯渇した日本軍がマレーシア、インドネシアなど英蘭植民地の石油、錫、鉄、ボーキサイト等の資源奪取を狙って南進し、真珠湾奇襲攻撃をかけたのも資源のためだった。

二度の世界大戦とアウシュビッツを経験したヨーロッパが、資源争奪戦争のない共同体を夢見て作ったのがEUだった。EU＝ヨーロッパ連合の源流は、重要資源の共同管理構想を掲げてヨーロッパの安定と経済の発展を図った一九五〇年のシューマン宣言の構想を基礎にした欧州石炭鉄鋼共同体設立条約により、一九五二年に欧州石炭鉄鋼共同体（ECSC）が設立されたことに始まる。

こうした欧州統合運動の元になったのは、ナチスに追われてイギリスに亡命していたポーランド亡命政府首相ヴァデスワフ・シコルスキの呼びかけによるものだった。しかし米ソ冷戦で世界が二つのブロックに分割されていた時代には欧州運動は頓挫していた。

一九八九年、ベルリンの壁の崩壊に始まった東西ドイツの統合と米ソ冷戦の終焉のあと再びEU構想が表面化し、その地下本部はポーランドの「連帯」運動が盛んだったころ、雑居ビルのようなビルの一室に事務所ができて、ポーランドや欧州の知識人たちが集まって欧州統合の議論をしていたことが、H・M・エンツェンスベルガーの著作『ヨーロッパ半島』（晶文社、一九八九）に書いてある。資源の偏在と分配の問題を国際協調のもとで解決しなければ、戦争はどこでも起こるのである。

真珠湾をめぐる「軍事と資源」の歴史的研究書については、九州大学教授・三輪宗弘『太平洋戦争と石油――戦略物資の軍事と経済』（日本経済評論社、二〇〇四）に詳しい。この本をひもとくと、結局、当時の産油国のアメリカの石油に依存していた日本は、その頼りのアメリカから石油封鎖を突きつけられてひとたまりもなかったことがわかる。

石油が出ない日本が大艦巨砲主義で巨大な軍艦を作り、零戦を作って軍事力を増大させても兵器を動かす石油がない。兵器を作る鉄屑などの軍事物資もアメリカに依存していた。石油供給の脆弱化に対応するため、海軍は満鉄から石炭液化計画を受託して実験を進めており、満州事変によって国際的孤立に陥った日本政府は、一九三七年に人造石油製造計画を立案した。しかし計画は遅延し間もなく失敗に終わったことを三輪は跡づけている。人造石油の挫折によって「臥薪嘗胆によるじり貧」を我慢していた非開戦論者はしだいに力を失ってゆく。

米英蘭と開戦した場合、人造石油は少なく見積もっても年間三〇万―五〇万キロリットルは必要だったが、実際の生産量は一九四二年で二四万、四三年二七万、四四年二二万、四五年五万キロリットルにすぎなかった。

一九四一年九月六日の御前会議の「帝国国策遂行要領」に関して軍令部長・永野修身は「万一、戦争手段による止む得ない場合」の統帥部作戦の考えを述べたが、「今日油その他重要なる軍需資材の多数が日々、枯渇へ一路を辿り、国防力は逐次衰弱しつつある状況でありまして……」と説明している。

近衛＝ルーズベルト会談実現に向けて尽力した岡敬純軍務局長の日記にある「外交交渉ニ依ラズシテ非戦論ハ手ガナイト思フ　人造石油デハ行クコト出来ザルヤ委シク数字ハ知ラナイガ駄目ナルベシ　ヨキ方法ガアレバ此ノ上ナシ　考ヘテ考ヘ抜イタガ外交以外ニナイ様ダ　外交ヲ纏メル方法シカアルマイ」（一〇月九日付）という文章を三輪は引用し、「及川海相・岡軍務局長は、外交交渉による日米国交調節に最後の期待を掛けざるを得なかった」と述べている（三輪、前掲書）。

しかしその前から日本はアメリカの石油禁輸を見越して石油大量買い付けに走っており、アメリカから見ると日本は石油備蓄によって戦争準備を始めているという疑惑が生まれることになる。これに関して三輪は対日強硬派の内務長官で石油国内調整担当者だったハロルド・L・イッキーズとルーズベルトの間で交わされた書簡の研究から、アメリカの対日石油禁輸の実態を明らかにしている。

ルーズベルトは日本との外交関係を考慮して石油問題に慎重な態度を取っており、イッキーズに対して「石油輸出の禁止の指令は出すな」という指示を出していたが、対日禁輸強硬派だったイッキーズはルーズベルトの融和的な対日姿勢に反対していた。イッキーズは財務省や国務省の周辺の人々の名前を挙げて彼らも自分と同じ考えであり、「大西洋岸のニューイングランドからニュージャージー州にかけて日本への石油輸出にたいして怒りが渦巻いている」とルーズベルトへの手紙に書いている（三輪、前掲書）。

大西洋岸では石油不足が起こっており、イッキーズは大統領の頭越しに対日石油禁輸を行おうとしたこともあったという。

イッキーズのほか、対日強硬派のスティムソン陸軍長官は、日本への石油禁輸を話した時、ルーズベルトは乗り気でなかったと四一年七月八日付日記に書いており、同じく対日強硬派のモーゲンソー財務長官が石油禁輸の手配をすすめた時、国務省と激しく対立し、ルーズベルトが仲裁したともいわれる（三輪、前掲書）。

結局、アメリカ国内においては、外交交渉派だったルーズベルトと国務長官ハルは、強硬派が唱える石油禁輸論と妥協せざるを得ない国内状況が進行していた。一方、日本内部にも右翼の翼賛運動や軍部を中心に開戦派、対米強硬派が力を強め、米国内では対日強硬派の世論が勢力を強めていたから、戦争に至る道を避けることはできなかった。

第七章

歴史修正主義の罠

東京裁判で判決を聞く東郷茂徳元外相（1948年11月、毎日新聞社）

キンメル名誉回復運動の顚末

「歴史修正主義」という言葉が、戦後七〇年の節目を機に俄かにクローズアップされてきたが、これは戦後五〇年の時も同じだった。一九六五年、七五年と一〇年単位で戦後が語られるが、その語り口には歴史を自分たちの都合がいいように改竄し、修正する「歴史修正主義」が現れる。

アメリカでは戦中から戦後にかけて、ロバーツ委員会をはじめ両院合同調査委員会、陸海軍など様々な立場からの真珠湾調査委員会が設けられ、ルーズベルトの戦争責任の追及を行った。一九四一年末から八つの委員会が組織された。

そうした過程でルーズベルト陰謀論も出てきたのだが、大統領や閣僚、軍幹部の責任の明確な責任論が出ることはなく、連邦最高裁判事オーウェン・ロバーツを委員長とするロバーツ委員会は、ハワイの太平洋艦隊司令長官ハズバンド・キンメルとハワイ陸軍司令官ウォルター・ショートに「職務怠慢」「判断のミス」「陸海軍の連携不足」など一〇項目の責任があると指摘した。

ワシントンの当局者たちの責任は追及されず、ハワイの責任が浮き彫りになった報告書だった。キンメルとショートは解任され、海軍大将のキンメルは海軍少将に、陸軍中将のショートは少将へと降格され、退役になった。このため米国世論の中には二人に対する同情論が根強く残り、ルーズベルトの陰謀論と責任論が高まるにつれ、二人の名誉回復運動も盛り上がるようになった。

しかし結局は名誉回復はなされないまま、真珠湾から半世紀以上が過ぎ、もはや戦後ではない一九九五年になって、キンメルの遺族や友人、退役軍人らから名誉回復と軍人の階級を元に戻せと要求する運動が、再度、顕在化した。

このときは国防次官ドーン委員長のもとで再調査が行われたが、二人に「職務怠慢」はなかったが、「判断の誤り」はあったという報告になり、軍人階級の修復はなく、昔のロバーツ委員会報告と大差はないものだった。民主党のクリントン大統領時代のことである。

二人の名誉回復運動は、ルーズベルトの責任を追及し続けるアメリカ保守派の「歴史修正主義」と連動していたと考えられる。一九九九年、共和党上院議員のウイリアム・ロスを中心にした超党派の議員約二〇人がキンメルの名誉回復を大統領に求める決議案を上院に提出し、反対意見も続出したが、僅差で可決された。

この問題を『ニューヨーク・タイムズ』が報道したことがあるが、名誉回復には否定的な記事だった。結局、クリントン大統領は決議案に署名せず退任し、続くジョージ・ブッシュ大統領も署名しなかったので、二人の名誉回復は実現しなかった。

キンメルの名誉回復がなぜ「歴史修正主義」と連動するかといえば、これはルーズベルト責任論につながってくるからである。キンメルに真珠湾の責任はないとして名誉回復と階級修復をすれば、半世紀後にルーズベルトの責任を認めたことになる。そうすれば再びルーズベルト陰謀論が頭をもたげてくる。それはアメリカの二〇世紀の歴史の最も重要な時期の歴史を公式に書き直すことにつながる。

さらにはキンメルの名誉回復運動の中には、マッカーサーとキンメルの軍人トップ間の権力闘争があり、これにキンメルが敗北したという物語まで含まれており、問題はハワイだけにとどまらない。キンメル、ショートの名誉回復によって、アメリカの二〇世紀の歴史に激震が走ることになるが、それだけの証拠がルーズベルト責任論の側に揃っているわけではない。逆にルーズベルト陰謀論の根拠はますます希薄になっている。キンメルの名誉回復が難しいのは致し方ないことだろう。

素直に考えれば、ハワイの防衛に第一義的な責任があったキンメルとショートが、半世紀後の大統領によって免責されることは、多くの米国民もおかしいと思うのではないか。

日本の経済力に対する敗者意識

キンメルの名誉回復運動と併行するように、九〇年代のアメリカで戦後日本の経済成長の驚異的発展に対する「日本見直し論」という名の「修正主義」があったことに触れておきたい。

米国を凌ぐほどの世界第二の金満大国になった戦後の日本は、ハワイの不動産を買い占め、米国文化のシンボルでもあるハリウッドの映画会社やロックフェラーセンターを買収し、フランスではワインのブドウ畑を買収しまくり、ジャパンマネーの威力は世界に浸透していた。

ハワイの「勝った組」の運動が、戦後約三〇年続いたことを第二章で紹介したが、期せずして、アメリカ東部エスタブリッシュメントの中から、「日本こそ戦勝国ではなかったか」という世論が巻き起こったのである。

日本は第二次大戦の敗戦国なのに金の力で欧米を支配しようとしている、まるで日本は戦勝国のように振る舞っている。双子の赤字と社会の貧困化に直面し、日本車や日本製電化製品がアメリカ市場を席巻し、若者の大量失業を抱えた米国は日本の経済力に打ち負かされていた。

米国人の心には日本の経済力に対する敗者意識が充満し、米国議員が日本車をハンマーで打ち壊す物々しいパフォーマンスがアメリカのテレビなどで放映された。

二一世紀になって中国に追いぬかれた日本が、経済的にも劣勢になると米国の軍事力によりかかり、「集団的自衛権」による日米同盟の強化を声高に叫ぶ論者がたくさん現れたが、日本が優位に立っている時は、米国の対日感情には実に無頓着だったことをいまここで強調しておきたい。経団連の幹部などは「アメリカ人に経済学を教えてやれ」とうそぶいていた。金持ち喧嘩せず、アメリカなんぞ負け犬の遠吠えさ、程度にしか思っていなかったフシがある。

この時代こそ、日米同盟は本当の危機に瀕していたことを理解する日本人は、ほとんどいなかった。しかしこれを放置した結果が、バブル経済崩壊の九〇年代不況から失われた一〇年へ、さらには失われた二〇年、三〇年へと連鎖する日本経済衰退の入口になったのだ。日本は米ソ冷戦の終焉による国際環境の変化を見誤り、新しい世界秩序の到来を見誤り、硬直した官僚システムにメスを入れる構造改革ができなかった。日本の「失われた三〇年問題」が表面化してきたとき、二〇一一年の三・一一東日本大震災と福島原発の大事故に見舞われてしまった。

当時、米国東部のWASPのエスタブリッシュメント層を読者に持つ雑誌『アトランティク・マンスリー』のジェームズ・ファローズに会ったとき、「日本人は米国人の真意と心を理解していない」といった。ファローズは、『日本封じ込め』という全米ベストセラーを書いて、日本を冷戦時代のソ連邦に見立てる論法を展開していた。『日本封じ込め』

というタイトルは、二〇世紀冷戦の開始を告げたジョージ・ケナン『ロシア封じ込め』のアナロジーだった。

同じころ、在日のオランダ人ジャーナリスト、カレル・ヴァン・ウォルフレンが『日本権力構造の謎』という本を書き、これも世界各国語に翻訳されて、世界的なベストセラーになっていた。ウォルフレンの主張はファローズの論法と同根で、「日本は自由な民主主義国ではなく戦前型の官僚独裁国家に戻っている」とした。戦後の日本はドイツと同様に民主主義国家に変わったという世界に共通な日本認識に対して、日本は自由な民主主義国ではないとする彼らの論調は「修正主義」（リヴィジョニズム）といわれたのである。

戦後七〇年の日本に勃興する「修正主義」は、逆に日本の戦後民主主義を否定して戦前回帰を促すように見えるが、二〇年前に欧米から発せられた「日本見直し論」という名の「修正主義」が同じ歴史認識を示していることに気がつく。日本は二〇年遅れで欧米の後を行く、といわれるが、「歴史修正主義」ではねじれた形で欧米の後を追うという皮肉な結果になっていた。

「歴史を書き直す」とはどういうことか

新しい史実が発見されたり、史実の解釈に新しい仮説が登場したときに従来の歴史を書き変える、あるいは見直すのは当然のことだ。史実に基づく正しい記述に訂正し、世界の真実により近づくために権力者がねじ曲げた歴史を修正することは、国民の知る権利にとって必要不可欠の仕事だ。

本書で述べてきた「歴史修正主義」とは、自分の価値観の間尺に合うように歴史を歪め、主観的な歴史解釈によって歴史事実を歪曲し、歴史の真実を無視すること、世界の公認された歴史事実を欺くような歴史認識を作る策動を指している。どんな国の歴史であっても、公開された資料のもとで、世界的に共有された事実を素材として、歴史の是非や善悪の価値が自由に議論されるものでなければならない。

「歴史修正主義」では、戦前の皇国史観との決別ができず、戦後の自由と民主主義の欠陥にばかり目がいって、戦前の日本のほうが良かった、日本の戦争は間違っていなかった、戦前の道徳教育を復活せよ等とする戦前回帰が顕著に見られるようになった。修正主義者が主張するように、戦後憲法や民主主義や自由は、占領下にマッカーサーのGHQに押し付けられたのは確かだが、ただ単に押し付けられただけではなく、そこへ至ったプロセスがある。

その膨大な歴史的プロセスを無視して、いきなり戦前回帰へと飛躍しようとするのが「歴史修正主義」で、これは歴史認識を戦前的な価値観に引き戻そうとする古いイデオロギーの復活を企図している。司馬遼太郎はこの種の復古主義的な「修正主義」の策動を怖れ、「日本の歴史の中で、私は戦後が最も好きな時代だ」と語っていた。

米国から出てきた日本の「修正主義批判」

アメリカで開催されたアジア研究者の集まり、アジア研究学会（AAS）に何度か参加したことがあるが、ここでは日本の戦前・戦中の軍国主義時代のアジア諸国に対する蛮行の歴史認識がいつも議題になっていた。アメリカの著名な歴史学者でコロンビア大学教授キャロル・グラックはシカゴでのAAS開催時に、「日本の歴史は日本だけのものではない。日本の歴史は世界に属している。当然、日本史を研究する他国の研究者もいる。AASでの議論は日本史が世界史に属することを明らかにしている」という趣旨の講演をしたことがあった。

また二〇一五年三月にシカゴで開催されたAASでは米国を中心とする世界各国の学者ら一八七人が、公開フォーラムなどで協議された内容をもとに以下のような戦後七〇年の共同声明を出した。先述のキャロル・グラック、ジョン・ダワー、エズラ・ボーゲル、入江昭、ロナルド・ドーアといった米国の著名な歴史学者たちが声明に参加している。以下に声明文の一部を紹介しておく。近年の歴史認識をめぐる日本の「修正主義」が改善される方向はなく、一層、深刻化してきたことを示しており、米国と世界の歴史学者がこういう声明を日本向けに出したのは、戦後、初めてのことだ。

「この声明は戦後七〇年という重要な記念の年にあたり、日本とその隣国のあいだに七〇年間守られてきた平和を祝うためのものでもあります。戦後日本が守ってきた民主主義、自衛隊への文民統制、警察権の節度ある運用と、政治的な寛容さは、日本が科学に貢献し他国に寛大な援助を行ってきたことと合わせ、全てが世界の祝福に値するものです。

しかし、これらの成果が世界から祝福を受けるにあたっては、障害となるものがあることを認めざるを得ません。それは歴史解釈の問題であります。その中でも、争いごとの原因となっている最も深刻な問題のひとつに、いわゆる『慰安婦』制度の問題があります。この問題は、日本だけでなく、韓国と中国の民族主義的な暴言によっても、あまりにゆがめられてきました。そのために、政治家やジャーナリストのみならず、多くの研究者もまた、歴史学的な考察の究極の目的であるべき、人間と社会を支える基本的な条件を理解し、その向上にたえず努めるということを見失ってしまっているかのようです」。

一九九〇年代の半ばのことだが、やはりシカゴで開かれたAAS会議に私は参加したことがあり、数百ものセッションがある中に、従軍慰安婦の関連セッションが複数あった。

戦争あるところに軍隊があり性の問題が発生する。ところが日本の従軍慰安婦は、戦場に近い町にあった一般的で任意の〝飾り窓〟とは違い、軍が設置場所を指定し女性が逃亡できないように管理していたという特殊性がある。議論は「慰安婦集めの強制性」にのみ特化はしていなかったが、若い女性に対する戦時下の人権侵害という論点は一致していた。するとと日本人と思しき研究者が「従軍慰安婦は捏造だ」と主張する一幕があり、議長がこの動議を受け付けるかどうか参加者に問うたが、論議すること自体が否決された。粘る日本人に対し議長は討論攪乱で退場を命じた。

ＡＡＳの二〇一五年声明は次のように結論した。

「『正しい歴史』への簡単な道はありません。日本帝国の軍関係資料のかなりの部分は破棄されましたし、各地から女性を調達した業者の行動はそもそも記録されていなかったかもしれません。しかし、女性の移送と『慰安所』の管理に対する日本軍の関与を明らかにする資料は歴史家によって相当発掘されていますし、被害者の証言にも重要な証拠が含まれています。確かに彼女たちの証言はさまざまで、記憶もそれ自体は一貫性をもっていません。しかしその証言は全体として心に訴えるものであり、また元兵士その他の証言だけでなく、公的資料によっても裏付けられています」

一方、日本で取材する海外特派員が作る「日本外国特派員協会」でも、朝日の歴史認識へのバッシング現象に対する記事を協会機関紙が特集した。「SINK THE ASAHI!」（朝日を沈めろ！）（『NUMBER1 SIMBUN』二〇一四年一一月号）。

海外特派員たちも日本だけでなく、中国や韓国で従軍慰安婦問題を取材している。欧米の有力新聞やテレビ報道で、朝日バッシングは日本の修正主義者によって担われた日本右傾化のシンボリックな出来事だと海外では報道された。

「今年は、日本政府が言葉と行動において、過去の植民地支配と戦時における侵略の問題に立ち向かい、その指導力を見せる絶好の機会です。四月のアメリカ議会演説において、安倍首相は、人権という普遍的価値、人間の安全保障の重要性、そして他国に与えた苦しみを直視する必要性について話しました。私たちはこうした気持ちを賞賛し、その一つ一つに基づいて大胆に行動することを首相に期待してやみません」と共同声明は指摘している。

東京裁判への丸投げと戦争責任総括の不在

長年、日本の右傾化問題を考え続け、思い当たった一つの結論は、日本人が自力であの戦争を総括しなかったからではないか、ということだった。三〇〇万人が死んだ悲惨な敗戦で政府も国民もポツダム宣言を無条件に受け入れざるを得ず、東京裁判でも一方的に裁かれた。ＧＨＱに武装解除され、憲法も押し付けられたという敗戦国指導部の抑圧された被害者意識が、七〇年間ずっとわだかまり続けた。他国に与えた苦しみに思いを致す心の余裕がなかったのである。

敗戦国政府を頼れなくなった国民の側も自力で敗戦の過酷な現実を受け止めざるを得ず、赤紙一枚による肉親の戦死、空襲、家財の消失、蓄財した私有財産の消滅という戦争被害者の側面だけを受け止めたのではなかったのか。原爆の被爆も同様に日本の戦争被害の側面を強調するものだった。

カンヌ映画祭で日本映画『黒い雨』がグランプリ候補になった時、高級紙『ル・モンド』は、「この映画は黒い雨を自然災害のように描くが、原爆投下の原因を問えば日本が自ら始めた戦争の帰結だった。そうした歴史認識が映画には欠けている」という趣旨の批判を書いた。映画はグランプリを逸したが、日本人が戦争の被害者としてのみ捉えた戦争の視点が批判されたのだ。日本はなぜ戦争を始め、なぜ敗北したか、原爆を浴びる前に、なぜ途中で降伏し、国際社会に和平を求めなかったのか。日本人の自力解決放棄型の思考力と主体性、自己批判能力が欠如していることは、外国人に指摘されるまでもなかった。

なぜ日本人は自力であの戦争を総括できなかったのかというと、開戦の意思決定に国民が関われなかったからだ。新聞は大本営の宣伝機関だったから、国民は政府と軍部とマスコミに扇動されたままで、開戦決定に関わりようもなかった。普通の人間がそんな議論をしていたらすぐに特高警察に連行され投獄されただろう。

アメリカでルーズベルト陰謀論が起こったのは、米世論の多数派だった非戦主義と中立法を大統領が破って参戦を誘導したのではないかという疑惑によるもので、第二次大戦に参戦するかどうかは国民世論が大いに関与し、監視していた。アメリカの新聞や雑誌は当時も自由な言論で、たえず戦争に関わる世論を喚起していた。しかし日本では大多数の国民の知らない間に御前会議と軍部大本営の決定によって戦争が始まっていた。

開戦に関わることができなかった国民が、戦争責任を総括できるはずもなかった。欧米民主主義の国では戦争が始まれば指揮権は大統領が握るが、開戦を決定するのは世論と議会なのである。世論と議会が戦争の大義を認めずノーといえば、大統領は戦争できない。

日本では戦争責任をめぐって自力解決ができず、結局、連合国による極東軍事裁判（東京裁判）が日本の戦争を国民不在で総括する事態になり、A級、B級、C級にランクが分かれた戦犯が決まった。東京裁判が追及した戦争責任をもって日本の戦争責任追及は終わったのである。この点が同じ敗戦国としてニュルンベルク裁判を経験し、その後国民が自力でナチス時代を総括したドイツの戦後とは異なる点だった。東京裁判で訴追はされなかったが、国民の中でもより深く戦争に関わった者はGHQの手で「公職追放」になった。戦争の総括はそれで終わってしまった。

東京裁判の結果を大多数の日本国民は「仕方がない」と受け入れたのだが、ドイツ人のように自力で戦争責任を判断することはなかった。日本人が東京裁判を受け入れた時も、日米開戦を受け入れた時も、同じ「仕方がない」という諦めのメンタリティが働いていた。「仕方がない」という言葉は、お上からの命令に従い、結果に従うしかないという意味で、自分が選択した主体的な判断ではない。A級戦犯裁判は東京の国際法廷で開かれたが、BC級戦犯の軍事法廷は主として外地の戦場で実施された。ここではA級戦犯よりはるかに多くの約一〇〇〇人の日本兵が無実や冤罪で絞首刑になり処刑された。捕虜虐待、現地住民への人道への罪などで起訴され取り調べを受けた者の多くが、「NO CHOICE」（他に選択肢はない）と尋問調書に記録されている。つまり「（上官に命令されたので）仕方がなくやった」ということだった。戦前の日本は国民が主体的に物事を判断することを禁じられた社会だったから、選択肢は与えられないまま命令で戦場に赴き、敗戦と同時に日本人はどう振る舞えばよいのかわからなかったのである。

アメリカの学者たちが指摘した「従軍慰安婦」の問題はアジアへの加害者責任をあらためて問うているが、もうひとつ忘れてならないのは日本の戦死者約三〇〇万人の死の評価である。これは敗戦責任と同じ線上にある問題だ。評論家・加藤典洋は、「日本の戦死者を日蔭者の位置」におく「歴史修正主義」のメカニズムについてこう述べている。

「あの侵略戦争で三〇〇万の日本人が無意味に死んだ。その『無意味な死』をこそ弔う道を探すべきなのに、その苦しみから逃れようと逆に戦争のほうを『正しい戦争にする』のです」(『沈黙のファイル』共同通信社社会部編)。

さらに「(アジア諸国の犠牲者約二〇〇〇万人を重視する)考え方も、自国の無意味な戦死者を直視していない点では同じです。自国の死者に向き合えずに、それで侵略側の人間としてアジアの犠牲者の前にしっかり立てるとは思えない」(前掲書)。

戦時には大本営の嘘のニュースが垂れ流され、国民の戦争熱を煽り、戦争の実態を見ることから国民は遠ざけられていた。大新聞は敗戦で掌を返し、「国民にも責任がある」という論陣を張り、「一億総懺悔」を説いた。日本がハワイの真珠湾を奇襲攻撃して日米戦争を始めた時は「一億火の玉となり鬼畜米英と戦う」と扇動し、「いざ興亜の敵撃滅だ」と書いていた新聞が、一夜、明けたら「一億総懺悔」を説き、「民主主義」を唱導しはじめたのだ。作家の高見順は、戦後も国民に訓戒を垂れる新聞を「度し難き厚顔無恥」と書いた(『敗戦日記』)。

「国体」から「肉体」へ

ところが、日本人は戦後、民主主義を受容したことで、欧米型の自由、個人主義、民主主義の価値観を共有する国民になった、と米国の日本史学者でMIT（マサチューセッツ工科大学）のジョン・ダワー教授は指摘した。『敗北を抱きしめて』でピューリッツァー賞を得たが、ボストンのMITの研究室で教授にインタビューしたことがある。ダワーがこの本で描いたのは、戦後の日本人の価値観が「国体主義」（軍国主義）から「肉体主義（個人主義）へと変化した、という物語だった。

敗戦直後の文学や映画のテーマに、『肉体の門』（田村泰次郎）のような、戦時に抑圧されていた個人の性欲や物欲の発露を「肉体」というテーマで描く作品が流行した点に目を付けたダワーは、大衆文学の変化に戦前の日本人にはなかった個人主義の自由な萌芽を見ていた。戦後日本にはエログロ・ナンセンスといわれた作品が生まれたが、ダワーはこれをポジティブに評価し、日本人が主体的に新しい価値観を受け入れた証拠と考えた。

著作タイトルにいう「敗北を抱きしめて」とは、「敗戦の傷と悲しみを黙って心に抱きしめた日本人は、自ら民主主義を選択し、個人主義的で自由な生活者に変わったという意味だ」とダワーはいった。戦後の日本人は米国人と同じように民主主義をわがものとする道を歩み続けるだろうとダワーは信じていた。国体主義から肉体主義へ転向したということの日本人論は、上から目線の凡百の戦後民主主義論よりも私には面白かった。

しかしその一方、憲法も民主主義も人権も自由も「外圧」によって日本に押し付けられた欧米の価値観であり、その屈辱に甘んじられない少数の日本人が存在したことは否めない。日本人は自由と民主主義の見かけの衣装だけをアメリカ式に取り換えたが、その反動から戦前回帰の「歴史修正主義」と日本主義礼讃思想が再生産されるようになった。

日米交渉で行き詰まり、松岡洋右が主張した日本の北進政策とソ連侵攻作戦をとりやめ、石油や資源を求めて南進することに決め米英と衝突した。太平洋進出に際して「東亜共栄圏」に「大」の字をつけ「大東亜共栄圏」のスローガンに至ったのである。

「大東亜共栄圏」の文言にはアジアのみならず、欧米列強も日本が支配するという意図が込められている。「八紘一宇」の思想には、「世界は大きな家族」で、その家長は日本という意味が含まれていた。真珠湾奇襲に始まった太平洋戦争は、満州事変以降の日本の中国大陸侵略の歴史が積み重なった大言壮語の「戦略なき戦争」の集大成で、これこそが日本主義思想の結末でもあった。

ゴール一周遅れのランナー

先般の集団的自衛権行使容認の国会安保法制論議で、日本で「存立危機事態」が発生した場合、集団的自衛権を発動するという抽象的な文言が何度も国会を飛びかった。ここにも戦前的な大言壮語の空論が垣間見える。この抽象的な言葉がどういう現実に対応するのか、理解できた日本人はどれだけいただろうか。

日本の中国における侵略戦争をストップさせるため米国は石油や資源の禁輸や海外資産凍結の経済制裁をしたが、これによる石油枯渇の危機に直面した日本は「自存自衛」という文言を使い、真珠湾奇襲攻撃に出た。そのときの「自存自衛」が再び現代に復活したような錯覚を覚えたものだ。

国の安全保障問題（自存自衛）が日本の躓きの巨石だったことは、首相・近衛文麿の和平努力がことごとく失敗した七〇年前の戦争が物語った事実であるが、再び安全保障問題が日本の躓きの石にならないか。満州事変や盧溝橋事件などから始まった日本の戦争のそもそもの始まりは、まずは蔣介石の中国との諍いだった。その中国からの撤退を米国から突きつけられ、石油封鎖された日本は、自存自衛のために、真珠湾奇襲に及んだ歴史を忘却してはならないと思う。

米国世論の歴史認識の基本には伝統的に米中関係の信頼強化を善とする考えがあり、蔣介石政権時代の米国がそうだった。米国は陰に陽に蔣介石を支援し、米国マスコミも日本の侵略戦争と中国での蛮行を克明に取材し報道していた。蔣介石政権が斃れて台湾に逃れ、毛沢東の共産主義中国の支配になったあと、朝鮮戦争などによって米中関係は一時的に冷え込んだ時期はあるが、電撃的だったニクソン訪中以来、米中関係の重視という振り子は、米国の基本政策だと考えるべきである。ジョージ・ケナンの「ソ連共産主義封じ込め」に匹敵するような「中国脅威論」はアメリカにはない。朝鮮戦争で中国の人民解放軍が北朝鮮の助っ人として参戦してきたことは米国の予想外の驚きであった。

以降、米国は朝鮮戦争を「ザ・コールデスト・ウインター」（ハルバースタム）と捉えており、このときの中国人民解放軍との苦しい戦争にも懲りている。日中戦争を取材したアメリカの有能なジャーナリストの多くが、蔣介石政権の腐敗と無力に絶望し、毛沢東に従った中国農民の沸き上がる民衆の力を感じ、その力の源泉を報道するようになった。アメリカが、他人事にすぎない南シナ海の紛争で中国と本気で事を構えることはあり得ないだろうと考える。米中和解と関係強化は米国世論の歴史的に培われてきた知恵と教訓の上に築かれた基本理念と考えるべきである。

近隣国同士がもっと仲良くできないのかと戦勝国でもあるアメリカにたしなめられるのはいかがなものかと思うが、日本は自国が起こした戦争の歴史すら前向きの清算ができないのかと言われると、それこそ日本人としてのプライドは傷む。

「侵略」の学問的定義は定まっていないとか、「従軍慰安婦」は売春業者がやったことだと強弁して日本国内は納得できても、世界的な説得力は生まれない。先述したＡＡＳ声明がいうように、強制性の有無に絞り込んだ議論は日本国内では通る議論かもしれないが、世界では通らない。日本軍兵士たちの相手をする従軍慰安婦といわれる女性たちが大量に存在したことは事実だからだ。それは戦争作家アーネスト・ヘミングウェイが描いたイタリア戦線における戦場近くの町中にある任意な売春宿の様相とは異なっている。水木しげるの漫画に出てくる慰安所の行列描写の不自然な違いを物語る。

「戦後レジームからの脱却」を唱えて前を向くのはいいが、戦後の歴史を否定的に捉える「歴史修正主義」の片鱗が見えているから、日本国民よりはるかに言葉に厳格な外国人政治家やジャーナリストは言葉の背後に隠されたレトリックを見破ってしまうのだ。

学校で子供たちに戦争の歴史を教えることは偏向教育だ、好ましくない傾向だと日本では考えられてきた。日本の教科書では「真珠湾奇襲の歴史」すらどんどん減らされている。

同じ敗戦国のドイツは初等教育から「戦争について考える」教育を施し、ナチスの過去を思い出させるモニュメントを街々に随所に設けて歴史の忘却や蒸発を防いでいるというし、反ナチス法によってアウシュビッツに関与した者は、一〇〇歳になっても発見されたら訴追されるという徹底ぶりだ。

ナチスの暴虐政治を歴史から清算したドイツに比べ、日本はまだ一人前ではなく、ゴール一周遅れのランナーのように見られても仕方ない部分がある。こうした歴史の事実に向き合いたくない精神の弱さのために、日本人は自分に都合のいい「歴史修正主義」に走っているのではないかと国際社会ではみなされる。

たとえGHQに押し付けられたとはいえ、戦後民主主義になじみ、戦争放棄を謳った憲法に多くの日本国民は違和感を持たなかった。もう戦争に行かなくてもよいことになったし、戦前にはなかった自由、民主主義、人権が国民に平等に与えられたことに異論もなかった。国民主権や人権を謳う戦後憲法は権力者には邪魔者だったかもしれないが、国民にとって邪魔になる憲法ではなかったから、日本人の多くが憲法を意識せず、普段は忘れるほど当たり前な、「空気のような憲法」としてなじんでいた。

ところが、新憲法が発布されて七〇年もたった今になって寝耳に水のように、立憲主義の意味や集団的自衛権の憲法解釈を変更するといわれて、突如、侃々諤々《かんかんがくがく》の議論が起こったのだが、権力者にもちかけられる前に、「憲法とは何か」の基本的議論はこの七〇年の間に国民レベルできちんと済ませておくべきだった。政権与党から問題提起されて初めて議論が起こるというのでは、国民の側の怠慢でもある。

憲法を放置して無関心でいれば、立憲主義も国民の自由や権利も消えてなくなることは、欧米先進国では常識だ。市民革命や独立戦争を経験して言論の自由と人権と共和国憲法を獲得したことを小学校で習った欧米先進国の国民はみなそう考えている。七〇年後の日本で、自由と立憲主義が消滅してしまえば、あの苛烈で悲惨だった戦争を何のために生き延びたのか、国民は元も子も失う。憲法をたえず議論して守る努力をしていないと立憲主義は空文化する。ナチスドイツが廃棄したワイマール憲法の例をみればわかるし、いくら文明が進歩した欧米先進国でも同じことが起こるのである。

憲法先進国のアメリカでもフランスでも時代に合わなくなった古い憲法条文には修正条項を付加して時代に適応させる努力を行っている。米国の言論の自由を保障した「修正憲法第一条」は第三代大統領ジェファーソンによって起草された。宗教的信条の対立などで、米国は建国時の憲法に言論（信教）の自由を書くことができなかったのである。日本の修正主義者は憲法を時代に合わせて修正するという意味を取り違えて、価値観の修正を試みているが、憲法の修正とは価値観の修正ではないのだ。戦後教育の否定と改造、道徳教育（教育勅語）復活、国民の自由と人権の制限、「マスコミを懲らしめる」などという、気にいらないメディアへの力の介入などを平気で与党政治家が口にするようになった。

平和だった七〇年間の戦後を持続させることは日本国民にとってもっとも重要な課題で、戦後をいきなり戦前に戻してしまうような愚行を避けなければならない。今はまだ戦後の持続であり、戦前ではない。国際環境がいかに変化しようと地球に生きる人類の生活の基本がそれほど変化するものではない。そうした安定した生活原理に即して、戦後七〇年目に日本が平和への決意を世界に向けて新たに宣言をするのが、七〇年の本当の意味ではなかろうか。

日本人の人格分裂

アメリカの歴史に真珠湾を実証的、正当的に位置づけたハーバート・ファイスは、『真珠湾への道』の中でこう記している。

「(日本が) 対米開戦を警告なしに行うべきかどうか、という一つの問題が残されていた。陸・海軍、とくに海軍軍令部長永野大将は、不意打ち的攻撃の効果をなくすような危険をおかしたくなかった。これに対して東郷外相は反対した。(中略) 東郷は戦争放棄に関するブリアン=ケロッグ条約が調印された時に、ワシントン日本大使館の一等書記官であった。東郷の前述の主張は、いわば過去の日の理想に対する彼の最後のはなむけであった」(前掲書)。

さらにファイスは大東亜共栄圏で示した日本の使命に関してこう述べている。

「日本の軍隊は、正義と自由をもたらすこともなく、(中略) 現住《ママ》民の生活を破壊してしまった。中国におけると同様に、南西太平洋地域においても、日本はこれらの現住《ママ》民の窮亡化、革命化への途をおしひろげたのであった」(前掲書)。

日本が侵略した中国や東南アジアの住民たちの生活は、人間にとって理想的なものではなかったにしても、それなりの安定と平和な環境をもっていた。しかし日本の侵略戦争によって全生活は破壊された。結局、日本が敗北し撤退したその廃墟の上に革命的動乱と民族自決の動きがアジア各地で起こってきたのだが、これが日本の理想とした大東亜共栄圏の帰結だったということである。戦時下日本の革新官僚や決起した一部の青年将校が掲げた貧困の是正、国際新秩序の樹立によるアジア革命戦争遂行は、歴史修正主義者がいうアジア諸国の欧米植民地からの解放という理由づけに利用されるが、これは結果として起こった現実の追認にすぎない。

かつてダワー教授が指摘した「国体」から「肉体」へ移行した戦後民主主義の日本は、再び個人と自由を重んじる「肉体」の国から国家主義を重んじる戦前型の「国体」へ移行する準備期に入ったようにも見える。しかし日本はいたずらに戦前に戻ることがないよう自制し、じっと我慢する「臥薪嘗胆」の戦後を維持すべきではないかと思っている。

戦後日本はジキルとハイドのような人格分裂を起こしてきたと加藤典洋は指摘した（前掲、『沈黙のファイル』）。ドイツの戦後と違うのは、ドイツには目立った人格分裂も歴史修正主義もないということだ

「この分裂を克服して初めて謝罪の真の主体ができる。そういう主体が責任を取るまで、日本の戦後は終わらない」と加藤は語っている（前掲書）。敗戦責任を自らの手で総括し

なかった日本人の人格分裂は、戦後七〇年を経ても同じように続いている。

敗戦責任の中で最重要課題の一つに戦没者の遺骨収集がある。戦後七〇年の現在、未だに帰らぬ遺骨は約一一〇万柱に及ぶ。「戦没者遺骨収集法案」が二〇一五年夏にようやく衆院で可決されたが、集団的自衛権の強行採決の陰に隠れ、参院では可決ならず、継続審議になった。

南太平洋のガダルカナル島の遺骨収集に取り組む東京の民間ボランティア団体「ガ島遺骨情報収集活動自主派遣隊（僧侶・﨑津寛光隊長）が二〇一五年九月上旬に行った現地での手作業の遺骨収集活動に、テレビ東京の植田悠生ディレクターが同行、そのドキュメンタリーが「戦後七〇年特別企画」番組で放映された。番組を作った植田ディレクターは数年前に私が立命館大学で教えた学生だった。

ガダルカナルの戦地跡のジャングル地帯に日本のテレビカメラが入るのは初めてとのことだが、遺骨収集の参加者は女子大学生から六十三歳のリタイア組まで十七人だった。日本軍の野戦病院跡とみられる奥地の密林の土からは、サソリや大ムカデなどの毒虫が出てくる中、日本兵とみられる遺骨が続々と出てきた。遺骨を前に、僧侶の﨑津隊長が膝をついて線香をたき、お経をあげて供養する風景をカメラが捉えていた。

その近郊では米軍海兵隊を中心に約六十人の大規模な米国遺骨集団部隊が機材を投入し

て米国戦没者の遺骨収集活動を行っていたといい、戦後七〇年の遺骨収集事業にかける米国の熱意を実感したという。ガダルカナル戦は先述した大本営作戦課の瀬島龍三少佐が関与したが、日本軍は敗走し、約二万人が戦死した悲劇の島ではあるが、米軍側も大量の戦死者を出していたのである。

戦後七〇年夏、参院の安保法制強行採決の陰で、「戦没者遺骨収集法案」が審議継続となったことは、日本政治の敗戦責任に対する自覚の希薄さを実感させたエピソードである。

あとがき

戦後七〇年を経て、東京裁判史観や歴史修正主義史観とは異なる民主主義国としての「第三の歴史観」が出てきてもよいはずだと考えたのが、この本を書く動機だった。おりしも集団的自衛権をめぐる国会論議の外では、大規模な国民の街頭抗議が起こったが、二〇一六年の参院選から選挙権が与えられる高校生を含む学生、若者や主婦、サラリーマンが自分の意思で参加しており、労組や全学連などの組織が動員された六〇年安保とは異質な自由な市民の個人の顔が見えた。大学生のデモは六〇年安保以来の規模の大きさで、日本の若者はデモをしないという固定観念が崩れ、欧米メディアを驚かせた。

この本で試行したことは、国民主体の民主主義史観で太平洋戦争を見たら、どのような戦争に見えるかを問うことだった。「太平洋戦争」という呼称は米国が付けたもので、「大東亜戦争」は日本の戦時大本営が付けた呼称である。戦後、大東亜戦争の呼称はGHQに禁止された。

A級戦犯を裁いた東京裁判は米軍と連合国軍によるもので、約三〇〇万もの戦争犠牲者を出した日本国民は蚊帳《かや》の外にいた。なぜ日本はあの悲惨な戦争を始めたのか。しかし開戦についても国民は関知しておらず、新聞に「鬼畜米英」の戦争熱を煽られただけだった。

その太平洋戦争の原点である真珠湾奇襲攻撃がどのようなものだったか、七〇年後の現代でも、神話化された物語が量産されてはいるが、その真実は未だに謎のヴェールに包まれている。

戦後民主主義の旗のもとで育った第一期生は七十歳を迎えた。そろそろ戦前・戦後といった二分法の話法はやめて、太平洋戦争史観でも大東亜戦争史観でもない、国民が主体的に作りあげる民主主義史観を構築し、戦争を総括する必要があるのではないかと考えている。他人任せの戦争ではなく、自分で考える戦争史観が戦後七〇年の日本には必要だ。

七〇余年前の戦争はどこでどう間違って起こったのか、なぜあれほどの犠牲を出すまでやめることができなかったのか。その因果関係は人ごとではなく、国民全体が知ってしっかりと心に刻む必要がある。そうでないと再び、あの悲劇が繰り返されるかもしれない。天変地異は避けられないが、戦争は人為だから避けることができるし、避けなければならない。

戦争の原点となった「真珠湾の真実」を知るために、これまでに解明された史実を再検証し、日本の視点、アメリカの視点、さらに奇襲攻撃を受けたハワイ側の視点などを調査して多様な見方を組み合わせることで、新しい真珠湾の実像が立体的に見えてくるのではないかと考えた。真珠湾の歴史は、大東亜戦争史観と太平洋戦争史観の日米二極に分裂した中にあるのではなく、世界の歴史の中に正しく位置付ける必要があるのだ。

真珠湾を追究するうちに、日本はなぜ欧米列強支配からアジアの植民地を解放し、持たざる東亜の新秩序を樹立するための戦争と称して「大東亜共栄圏」や「八紘一宇」を苦し紛れにひねり出したのかという問いにも突き当たった。「子供の戦争ごっこ」という批判が軍部良識派からも上がっていたというが、満州事変以降の日本陸軍は中国侵略の戦線を無闇に拡大し続けた揚句、石油に枯渇して南進し、真珠湾に手を出し、米国の巨大な反撃にあって自滅した。瀬戸際外交を繰り返すだけの戦略なき戦争だったといわれる。

こうした軍部の「暴走」はなぜ起こったのだろうか。軍部に大人の理性は働かなかったのか。

軍部の戦争現場を動かしていた「権力の下降」、つまり下級の佐官クラスの中堅幹部が下からのバラバラな作戦計画を上層部へ押し上げて、軍全体の意思決定に影響を及ぼしたこともわかってきた。統一戦略を欠いて部隊を動かし、補給を断たれて兵員を犠牲にしたり飢死させ、重要情報の握りつぶしや改竄などで闇雲に作戦を広げて自滅した陸軍の暴走の過程が明らかになってくる。

「権力の下降」とは、帝京大学教授・筒井清忠が指摘したことだが、「大東亜戦争は日本政府と大本営の統一意思で計画的に遂行されたとする東京裁判史観は間違いで、統一性を欠いた現場のバラバラな作戦プランが上層部に上がり、上層部のチェックの甘さが現場の暴走を止められなかった」ということなのである。「権力の下降」とは、欧米型のトップダウンではなく、下からの稟議制という日本型意思決定の欠陥の表れともいえるが、これは現代の企業や官僚組織にもいえる。「権力の下降」とは、もっと日本的な表現でいえば「下剋上」に通じる。

首相・東條英機や外務大臣・東郷茂徳の戦争責任に目が行くのは当然かもしれないが、本書で述べたような大本営作戦課の佐官クラスだった瀬島龍三らの若手将校や軍部に協力的だったと思われる外務省の課長クラスの若手官僚が開戦に果たした役割も小さくはない。

しかも戦時の中堅幹部だった人物が戦後は経済界、政界、マスコミ、論壇へ進出し、重鎮として影響力を振るった例は多い。自衛隊創出に関与した旧軍人も少なくない。東條内閣の商工大臣を務め、戦後首相になった岸信介も革新官僚の一人だった。こうした戦前派の重鎮たちは、おおむね米国が押し付けた戦後民主主義を好んではおらず、戦前型の日本の自主独立の復活を望んでいた。

だが真珠湾に関与した古い世代の多くはすでに鬼籍に入っている。しかし「宣戦布告なき騙し打ち」として今でも繰り返される欧米の主張には、日本の歴史的名誉がかかっている。対米通告遅延の責任を出先の駐米大使官の怠慢に押し付けるだけでは済まない様々な史実も発掘されている。

戦後七〇年にあたり、日本政府や外務省は内外に対する真珠湾の説明責任が残っているのではないか。

本書で見てきたように、実質的な宣戦布告と東郷外相が考えた「対米覚書」に関連する一連の電報中、原文が存在せず、コピーだけが残っていたり、発電時間が米国の傍受記録と食い違うもの、一四部に分割した理由や、電報の「大至急マーク」が脱落している理由などは、未だに判然としないまま放置されている。

外務省は「対米覚書」の発出時間を統帥部と相談したとしている。山本熊一アメリカ局長もそう証言している。当時、アメリカ局第一課長だった加瀬俊一は軍部の圧力があったことを五〇余年後にようやく認めたが、外務省は通告遅延による真珠湾奇襲への加担工作の一翼を担っていたのだろうか。

「真珠湾奇襲攻撃」に関する史料も含めて、敗戦直後、霞ヶ関一帯で膨大な戦時書類が焼却された。戦後七〇年を経た今でも隠された事実が非常に多いが、これを解明する日本側の史料は極めて乏しい。現代史研究者のアメリカ詣でという言葉があるくらい、戦前、戦後の新史料を求め米国国立公文書館で公開された文書を見るために渡米する研究者やジャーナリストは多い。私も何度かワシントンの国立公文書館を訪ね、担当者と顔見知りになって雑談していたら、「君が捜している史料はあるよ。でも日本の外務省が公開を止めているので、日本に戻って外務省の許可を取ってくれれば見せる」と教えられたことがあった。日本政府はアメリカにまで手を伸ばすのだから、自国に不都合な史料を出すはずはないと思ったものだ。こうした史料未開社会の現状ではまともな現代史は書けないと痛感している。歴史修正主義が大手を振って流行るのは歴史文書の公開が恣意的で不完全だからである。公開だけでなく、辛うじて残された歴史文書の保存の方法にも問題が多い。

外務省史料の中に本来はあるべき文書の原文が紛失していたり、原文は存在せず、改竄されたと思われるコピーしか残っていなかったり、杜撰な史料管理・保存の現状が専門家の間から指摘されている。真珠湾奇襲時の外務省から駐米大使館宛て電報一〇本のうち、記録紛失が三本、電報発着時間の改竄の可能性あるものが七本で、原文が完全に残された史料はひとつもない（井口『開戦神話』一九二頁～一九三頁の表参照）。

まずは残された史料の保存管理の合理的なシステムを構築し、公開の透明性を確保しなければ、日本の現代史や外交史の記述は、歴史修正主義の温床になるだけであろう。まずは外務省自身が真実を明らかにし、国民に説明責任を果たすべきだ。

私は戦後まもなく田舎の小学校に入った。いわゆる「黒塗り教科書」を知る世代だ。思えばそこは民主主義教育の始点だった。戦後七〇年がその終点にならないために、この本を書いた。

さらには、日本の現代史研究者やジャーナリストたちがアメリカ詣でしなくても、まともな現代史が書ける国になり、歴史修正主義がはびこらない明るく透明な文明国に成長すべきだと心から願う。この書が節目にある日本の文化状況を切り開く上で、若い読者の皆さんが歴史の真実をつかむ何らかの手がかりになり、希望の一石を投じることができれば望外の幸せである。

この本を書くにあたり、『フランクリン・ローズヴェルト（上・下）』（ドリス・カーンズ・グッドウィン著、砂村榮利子・山下淑美訳、中央公論新社）、『真珠湾への道』（ハーバート・ファイス著、大窪愿二訳、みすず書房）、『開戦神話――対米通告を遅らせたのは誰か』（井口武夫著、中公文庫）、『検証・真珠湾の謎と真実――ルーズベルトは知っていたか』（秦郁彦編、PHP研究所）、『太平洋戦争の起源』（入江昭著、篠原初枝訳、東京大学出版会）、『真珠湾攻撃総隊長の回想　淵田美津雄自叙伝』（中田整一編/解説、講談社）、『沈黙のファイル――「瀬島龍三」とは何だったのか』(共同通信社社会部編)の七冊の著作に特に啓発を受けた。

また貴重な史料提供や助言をいただいた井口武夫、三輪宗弘の両氏をはじめ、お世話になった方々に篤くお礼を申し上げる。本書の企画段階からお付き合いいただいた平凡社新書編集長・金澤智之氏に深甚の謝意を表したい。

戦後七〇年目の二〇一五年秋

柴山哲也

【著者】
柴山哲也（しばやま てつや）
1970年に同志社大学大学院新聞学科を中退し朝日新聞社入社。大阪本社、東京本社学芸部、『朝日ジャーナル』編集部、戦後50年企画本部などに所属。退社後、ハワイ大学客員研究員、米国立シンクタンクのイースト・ウエスト・センター（EWC）客員フェロー、京都大学経済学部・大学院経済学研究科講師（非常勤）、京都女子大学教授、立命館大学客員教授などを歴任。著書に『キリマンジャロの豹が目覚める』（情報センター出版局）、『ヘミングウェイはなぜ死んだか』（集英社文庫）、『日本型メディアシステムの興亡』（ミネルヴァ書房）、『「情報人」のすすめ』（集英社新書）、『戦争報道とアメリカ』（PHP 新書）、『日本はなぜ世界で認められないのか』『新京都学派』（いずれも平凡社新書）などがある。

平凡社新書７９６

真珠湾の真実
歴史修正主義は何を隠したか

発行日――2015年11月13日　初版第１刷

著者――柴山哲也
発行者――西田裕一
発行所――株式会社平凡社
東京都千代田区神田神保町3-29　〒101-0051
電話　東京（03）3230-6580［編集］
　　　東京（03）3230-6572［営業］
振替　00180-0-29639
印刷・製本―図書印刷株式会社
装幀――菊地信義

© SHIBAYAMA Tetsuya 2015 Printed in Japan
ISBN978-4-582-85796-2
NDC 分類番号210.75　新書判（17.2cm）　総ページ304
平凡社ホームページ　http://www.heibonsha.co.jp/

落丁・乱丁本のお取り替えは小社読者サービス係まで
直接お送りください（送料は小社で負担いたします）。